Découvrez des Jeux Gratuits en Ligne

Disponible Ici :

BestActivityBooks.com/FREEGAMES

5 ASTUCES POUR DÉMARRER !

1) COMMENT RÉSOUDRE LES MOTS MÊLÉS

Les puzzles sont dans un format classique :

- Les mots sont cachés sans espaces, tirets, ...
- Orientation : Les mots peuvent être écrits en avant, en arrière, vers le haut, vers le bas ou en diagonale (ils peuvent être inversés).
- Les mots peuvent se chevaucher ou se croiser.

2) UN APPRENTISSAGE ACTIF

Un espace est prévu à côté de chaque mots pour noter la traduction. Pour favoriser un apprentissage actif un **DICTIONNAIRE** à la fin de cette édition vous permettra de vérifier et étendre vos connaissances. Cherchez et notez les traductions, trouvez-les dans le Puzzle et ajoutez-les à votre vocabulaire !

3) MARQUEZ LES MOTS

Vous pouvez inventer votre propre système de marquage. Peut-être en utilisez-vous déjà un ? Sinon, vous pourriez, par exemple, marquer les mots qui ont été difficiles à trouver d'une croix, ceux que vous avez aimés d'une étoile, les mots nouveaux d'un triangle, les mots rares d'un diamant, etc...

4) STRUCTUREZ VOTRE APPRENTISSAGE

Cette édition vous offre un **CARNET DE NOTES** très pratique à la fin du livre. En vacances ou en voyage ou à la maison, vous pouvez facilement organiser vos nouvelles connaissances sans avoir besoin d'un second bloc-notes !

5) VOUS AVEZ FINI TOUTES LES GRILLES ?

Allez à la section bonus **CHALLENGE FINAL** pour trouver un jeu gratuit à la fin de cette édition !

Simple et Rapide ! Découvrez notre collection de livres d'activités pour votre prochain moment de détente et **d'apprentissage**, à juste un clic de distance !

Trouvez votre prochain défi sur :

BestActivityBooks.com/MonProchainLivre

À vos marques, prêts... Partez !

Saviez-vous qu'il existe environ 7 000 langues différentes dans le monde ? Les mots sont précieux.

Nous aimons les langues et avons travaillé dur pour créer les livres de la plus haute qualité pour vous. Nos ingrédients ?

Une sélection des thématiques d'apprentissage adaptée, trois belles parts de divertissement, puis nous ajoutons une cuillère de mots difficiles et une pincée de mots rares. Nous les servons avec soin et un maximum de plaisir pour vous permettre de résoudre les meilleurs jeux de mots mêlés qui soient et d'apprendre en vous amusant !

Votre avis est essentiel. Vous pouvez participer activement au succès de ce livre en nous laissant un commentaire. Nous aimerions vraiment savoir ce que vous avez préféré dans cette édition !

Voici un lien rapide qui vous mènera à la page d'évaluation de vos commandes :

BestBooksActivity.com/Avis50

Merci pour votre aide et amusez-vous bien !

De la part de toute l'équipe

1 - Été

E	E	L	N	O	Y	K	N	S	A	E	J	A	R
P	L	A	J	C	P	B	P	E	R	U	E	V	J
P	R	S	G	R	R	B	I	V	K	E	O	Y	I
M	J	N	A	S	A	B	C	İ	A	R	Y	F	G
Ü	E	A	F	V	I	H	C	N	D	L	U	Z	K
Z	D	D	E	N	I	Z	A	Ç	A	G	N	B	Y
I	Q	N	R	S	C	F	I	T	Ş	K	L	O	T
K	İ	T	A	P	L	A	R	H	L	G	A	Ş	V
I	A	B	A	H	Ç	E	B	S	A	A	R	N	H
C	G	G	I	T	G	Y	J	G	R	L	M	M	C
T	J	H	L	D	I	O	D	A	L	I	Ş	A	R
P	J	A	E	O	D	L	Q	C	J	C	H	F	L
T	U	B	I	S	A	N	D	A	L	E	T	E	T
S	E	Y	A	H	A	T	E	T	M	E	K	N	S

ARKADAŞLAR	MÜZIK
AILE	GIDA
BAHÇE	PLAJ
OYUNLAR	DALIŞ
SEVİNÇ	RAHATLAMA
KİTAPLAR	SANDALET
BOŞ	TATIL
DENIZ	SEYAHAT ETMEK

2 - Adjectifs #2

```
K  I  D  K  E  B  G  F  Y  O  U  N  A  S
T  D  C  J  C  B  U  H  Y  E  N  I  Ç  A
Y  U  E  N  T  E  R  E  S  A  N  S  I  Ğ
V  D  Z  R  P  Z  U  Y  K  U  L  U  K  L
A  O  H  L  H  Q  R  C  V  L  B  O  L  I
H  Ğ  S  F  U  D  L  U  E  O  V  G  A  K
Ş  A  O  S  R  U  K  U  R  U  Ü  Y  L
İ  L  R  O  T  A  N  T  I  K  R  Ç  I  I
Ü  Y  U  B  K  M  F  T  R  V  E  L  C  B
F  N  M  B  Z  A  R  I  F  V  G  Ü  I  E
P  F  L  Y  E  T  E  N  E  K  L  I  V  D
P  M  U  Ü  G  İ  Y  A  R  A  T  I  C  I
F  T  R  N  Y  K  H  Q  G  C  Y  T  C  N
Ü  R  E  T  K  E  N  E  R  H  P  Y  Z  U
```

OTANTIK	DOĞAL
ÜNLÜ	YENI
YARATICI	ÜRETKEN
AÇIKLAYICI	SAF
YETENEKLI	SORUMLU
DRAMATİK	SAĞLIKLI
ZARIF	TUZLU
GURURLU	VAHŞİ
GÜÇLÜ	KURU
ENTERESAN	UYKULU

3 - Exploration

```
Ö  H  A  Y  V  A  N  L  A  R  J  A  K  P
B  Ğ  G  M  N  E  U  S  T  C  K  Z  Ü  R
I  K  R  R  R  T  K  İ  E  T  T  L  H
L  A  B  E  U  K  V  A  H  Ş  İ  H  T  E
I  R  B  E  N  Q  Q  D  L  P  T  L  Ü  Y
N  A  U  V  B  M  C  I  İ  A  A  A  R  E
M  R  I  V  U  V  E  L  K  E  J  V  L  C
E  L  A  I  Z  Z  S  K  E  Ş  İ  F  E  A
Y  I  N  P  A  G  A  M  L  J  Q  H  R  N
E  L  U  Y  K  V  R  Y  E  S  S  E  V  U
N  I  M  E  E  U  E  K  R  O  I  V  P  Z
R  K  K  K  Q  N  T  Q  Q  J  O  D  A  V
V  J  T  H  Y  V  I  H  A  Q  M  U  F  Z
J  G  J  Y  O  R  G  U  N  L  U  K  D  Z
```

HAYVANLAR
ÖĞRENMEK
CESARET
KÜLTÜRLER
TEHLİKELER
KEŞIF
KARARLILIK
UZAY

HEYECAN
YORGUNLUK
BILINMEYEN
DIL
UZAK
YENI
VAHŞİ

4 - Formes

```
P  I  H  H  H  E  K  C  K  Ö  Ş  E  R  D
E  L  İ  P  S  I  A  Ç  O  K  G  E  N  A
Ğ  K  P  D  İ  G  R  H  N  R  N  E  U  I
R  Ü  E  K  I  R  E  K  İ  G  Y  D  Y  R
I  P  R  Ü  K  K  A  P  R  İ  Z  M  A  E
S  Q  B  R  A  B  D  M  A  R  K  H  N  K
E  I  O  E  Q  Q  U  Ö  İ  S  Q  V  Y  E
S  İ  L  İ  N  D  İ  R  R  T  I  G  Q  N
O  O  V  A  L  Q  O  K  A  T  M  R  N  A
Ü  Ç  G  E  N  C  H  Y  S  Z  G  J  A  R
O  V  S  R  T  D  C  R  P  A  Q  E  D  L
B  C  R  G  J  B  K  D  M  K  K  M  N  A
M  D  F  G  E  P  P  S  S  U  Y  Z  S  R
I  K  F  V  B  S  Q  U  D  L  N  A  Z  F
```

ARK	ELİPS
KENARLAR	HİPERBOL
KARE	SIRA
DAIRE	OVAL
KÖŞE	ÇOKGEN
EĞRI	PRİZMA
KONİ	PİRAMİT
YAN	DIKDÖRTGEN
KÜP	KÜRE
SİLİNDİR	ÜÇGEN

5 - Salle de Bains

```
M  P  H  U  U  R  S  V  P  V  H  Z  E
Q  U  F  P  Y  H  G  L  R  E  V  E  F  U
H  Z  U  O  T  D  L  O  S  Y  O  N  E  F
Y  P  L  J  U  U  O  V  I  Ş  O  I  I  G
B  A  H  H  V  Ş  R  E  M  A  K  A  S  H
B  R  M  R  A  H  M  C  Z  M  B  D  B  D
Z  F  K  İ  L  İ  M  H  O  P  A  Y  I  B
D  Ü  B  A  E  Z  L  H  E  U  N  T  U  U
K  M  Y  Z  T  D  O  R  N  A  Y  R  L  H
Q  H  A  P  L  M  L  I  B  N  O  O  N  A
T  S  A  Y  O  H  G  Q  S  Ü  N  G  E  R
Y  P  U  V  N  A  E  U  M  U  S  L  U  K
B  H  Q  R  L  A  T  H  O  J  G  Y  G  E
S  A  B  U  N  U  K  L  P  O  A  T  P  K
```

BANYO   MUSLUK
MAKAS   SABUN
DUŞ   HAVLU
SU   ŞAMPUAN
SÜNGER   KİLİM
LOSYON   TUVALET
AYNA   BUHAR
PARFÜM

6 - Adjectifs #1

```
G E N Ç E I O D A D B A L A
G I B G G Z J Y Ü C D R S R
Z A Y R Z E F C K R J C A O
Ç I K M O D E R N O Ü Q N M
Ö E I D T M U T L A K S A A
E Z K H I R S L I Z D K T T
T G D I K K O C A M A N S İ
K Ü Z E C Ö N E M L I H A K
I Z L C Ş I A Ğ I R N Y L S
N E F B B J D Q N M A S U M
H L Q H R S D R C Ö M E R T
K U S U R S U Z E Y A V A Ş
F P N I P Z F Q I P S K C H
O U S P Z T F A E D A P O S
```

MUTLAK	DÜRÜST
ETKIN	ÖZDEŞ
HIRSLI	ÖNEMLI
AROMATİK	MASUM
SANATSAL	GENÇ
ÇEKICI	YAVAŞ
GÜZEL	AĞIR
EGZOTIK	INCE
KOCAMAN	MODERN
CÖMERT	KUSURSUZ

7 - Instruments de Musique

```
U  V  C  G  D  U  L  C  V  J  B  V  K  T
A  D  R  İ  A  T  N  C  E  P  L  Y  E  R
R  V  P  T  V  Z  M  N  Y  Y  D  G  M  O
P  U  K  A  U  Y  M  A  R  İ  M  B  A  M
G  R  S  R  L  M  B  B  N  B  G  L  N  P
O  M  P  A  O  E  H  G  A  D  L  M  U  E
I  A  A  Y  K  B  O  O  Z  G  O  Q  I  T
F  T  E  F  I  S  H  N  P  Q  E  L  B  B
L  Ç  E  L  L  O  A  G  P  Z  N  T  İ  A
Ü  V  I  U  F  A  Y  F  F  A  G  O  T  N
T  K  L  A  R  N  E  T  O  I  Q  B  D  Ç
O  F  T  R  O  M  B  O  N  N  L  U  B  O
T  H  F  A  E  Z  P  Q  Q  M  M  A  Y  Y
O  F  P  J  J  R  N  M  P  İ  Y  A  N  O
```

BANÇO	VURMA
FAGOT	PİYANO
KLARNET	BAGET
FLÜT	SAKSAFON
GONG	DAVUL
GİTAR	TEF
ARP	TROMBON
OBUA	TROMPET
MANDOLİN	KEMAN
MARİMBA	ÇELLO

8 - Échecs

```
Q O Z S T R A T E J İ P Ö V
M Y A Y Ü U K U L C C A Ğ Q
B U M A Z R G D S R Q S R T
F N A R Ü B E Y A Z L İ E A
L C N İ K R A L İ Ç E F N C
K U N Ş G A J J R U R B M K
B U F M S K Ş R T O D I E R
Y C R A I I Ç A P R A Z K A
F M S B Y P S V M D D Q A L
D E R H A Q R L S P F F V H
T T R R H N Q I O D İ N U G
Z O R L U K L A R Y S Y C K
T U R N U V A U C V U N O P
S N Q S V E V Z F Q I N P N
```

RAKIP

ÖĞRENMEK

BEYAZ

ŞAMPİYON

YARIŞMA

ZORLUKLAR

ÇAPRAZ

OYUN

OYUNCU

SIYAH

PASIF

KRALIÇE

TÜZÜK

KRAL

KURBAN

STRATEJİ

ZAMAN

TURNUVA

9 - Herboristerie

```
A  R  C  V  M  D  V  Z  P  U  M  Y  F  M
S  R  E  Z  T  A  R  H  U  N  U  E  E  E
A  G  O  Z  I  R  Y  G  L  Z  T  Ş  S  R
R  T  J  M  E  I  B  D  Z  T  F  I  L  C
I  L  A  V  A  N  T  A  A  N  A  L  E  A
M  E  S  P  V  T  E  Z  H  N  K  H  Ğ  N
S  Z  T  I  U  B  İ  Q  Y  P  O  K  E  K
A  Z  Z  Ç  I  Ç  E  K  M  M  R  Z  N  Ö
K  E  S  A  F  R  A  N  K  E  K  İ  K  Ş
K  T  I  Ç  E  R  I  K  A  L  I  T  E  K
R  E  Y  Y  I  Q  B  İ  B  E  R  İ  Y  E
Y  V  D  Q  C  A  N  A  N  E  G  F  U  R
F  A  Y  D  A  L  I  G  B  A  H  Ç  E  R
Y  T  D  B  P  M  A  N  I  E  C  P  U  R
```

SARIMSAK	LAVANTA
AROMATİK	MERCANKÖŞK
FESLEĞEN	NANE
FAYDALI	MAYDANOZ
MUTFAK	KALITE
TARHUN	BİBERİYE
REZENE	SAFRAN
ÇİÇEK	LEZZET
IÇERIK	KEKİK
BAHÇE	YEŞIL

10 - Véhicules

```
T  B  Y  S  S  Z  G  V  A  N  O  N  U  P
R  T  I  H  E  İ  K  O  P  T  E  R  K
A  R  L  S  F  Z  B  P  C  G  O  E  O  E
K  E  B  H  I  I  O  P  U  S  B  L  K  R
T  N  M  D  V  K  T  C  Ç  L  Ü  G  E  V
Ö  U  E  M  S  A  L  D  A  M  S  L  T  A
R  K  T  L  N  M  F  E  K  O  A  A  B  N
Y  M  R  H  E  Y  E  N  T  T  M  S  D  S
R  E  O  F  B  O  R  İ  Q  O  B  T  V  N
T  A  K  S  İ  N  İ  Z  B  R  U  İ  R  T
O  R  D  A  R  A  B  A  S  O  L  K  O  U
F  M  B  R  Q  C  O  L  L  E  A  L  Q  S
Y  J  B  V  A  A  T  T  S  M  N  E  T  B
G  D  Q  S  J  D  B  I  I  O  S  R  J  K
```

AMBULANS	MOTOR
UÇAK	LASTİKLER
BOT	SAL
OTOBÜS	DENİZALTI
KAMYON	TAKSİ
KERVAN	TRAKTÖR
FERİBOT	TREN
ROKET	VAN
HELİKOPTER	BISIKLET
METRO	ARABA

11 - Camping

```
Z  U  H  O  A  L  T  M  O  T  E  D  P  S
V  E  O  A  T  E  Ş  L  Y  D  C  A  E  N
B  U  H  V  M  M  L  G  E  I  O  E  S  Z
Ö  K  K  C  M  A  F  U  S  P  F  Ğ  U  K
C  I  G  I  A  R  K  A  H  Ş  E  Q  A  A
E  C  Y  L  C  H  A  Y  V  A  N  L  A  R
K  Ç  N  I  E  O  B  A  R  P  E  E  I  P
R  A  I  K  R  R  İ  Y  J  K  R  N  A  G
C  D  N  A  A  M  N  P  E  A  K  K  G  Z
O  I  M  O  P  A  S  U  L  Y  M  I  H  R
P  R  A  U  G  N  A  S  D  M  L  V  Z  V
F  V  N  L  Ö  V  R  U  A  U  N  L  U  Z
A  Ğ  A  Ç  L  A  R  L  Ğ  B  Z  L  V  K
H  A  R  İ  T  A  C  A  H  N  Z  V  V  I
```

HAYVANLAR	ATEŞ
AĞAÇLAR	ORMAN
MACERA	HAMAK
PUSULA	BÖCEK
KABİN	GÖL
KANO	FENER
HARİTA	AY
ŞAPKA	DAĞ
AVCILIK	DOĞA
IP	ÇADIR

12 - Écologie

```
G Y D B K D P D K F A U N A
L Ö E Z B U T O P L U L U K
N D N C L N R Ğ B O A L B K
O M İ Ü F Y C A S R K B İ A
P N Z B L U A L K A B A T Y
O O E T J L V D J L O T K N
S Y Q B C G Ü D O C I A İ A
K Ü R E S E L J F Ğ S K Ö K
B İ T K İ L E R G I A L R L
V S T A M I C U Q K D I T A
P F D C Z Q F G B L R K Ü R
D N T Z Y J Z D Z I Z P S S
I M F D A Ğ L A R M G M Ü D
Ç E Ş I T L I L I K R B Y M
```

GÖNÜLLÜ	DAĞLAR
IKLIM	DOĞA
TOPLULUK	DOĞAL
ÇEŞITLILIK	BİTKİLER
FAUNA	KAYNAKLAR
FLORA	KURAKLIK
KÜRESEL	BEKA
BATAKLIK	BİTKİ ÖRTÜSÜ
DENİZ	

13 - Astronomie

```
Z  S  Z  G  P  R  B  U  L  U  T  S  U  G
Z  K  G  Ö  K  A  D  A  U  B  F  L  B  K
S  A  H  T  F  S  A  I  L  V  A  T  F  Y
E  R  A  D  Y  A  S  Y  O  N  P  A  I  F
K  G  S  R  M  T  T  E  L  E  S  K  O  P
İ  E  T  O  E  H  R  U  N  D  E  I  G  E
N  Z  R  K  T  A  O  A  Y  C  H  M  Ü  V
O  E  O  E  E  N  N  F  V  D  N  Y  N  R
K  G  N  T  O  E  O  J  B  C  U  I  E  E
S  E  O  V  R  G  M  Y  J  O  B  L  Ş  N
L  N  T  U  T  U  L  M  A  K  C  D  Z  D
S  Ü  P  E  R  N  O  V  A  C  Z  I  P  A
T  O  P  R  A  K  G  Ö  K  Y  Ü  Z  Ü  Y
D  U  Y  K  I  A  P  A  I  V  S  F  H  Z
```

ASTRONOT	BULUTSU
ASTRONOM	RASATHANE
GÖKYÜZÜ	GEZEGEN
TAKIMYILDIZ	RADYASYON
TUTULMA	UYDU
EKİNOKS	GÜNEŞ
ROKET	SÜPERNOVA
GÖKADA	TOPRAK
AY	TELESKOP
METEOR	EVREN

14 - Types de Cheveux

```
R D E G G L V K G R Ö F K Z
S A Ğ L I K L I K C R L A Z
D A L G A L I V U O G D L I
R E N K L İ N I R G Ü Y I T
D J T Z E P C R U Ü M Q N P
D G A C Z Y E C I M U Z U N
P A R L A K P I K Ü V K Q H
E L B İ T B N K E Ş L U A C
P O M E Ö R G Ü L Ü Q E P O
Q O O D Y U M U Ş A K Z R R
K Q N Z B A B S D S I Y A H
K E L S R Y Z N A P S C K C
P P C S A R I Ş I N A H T O
K A H V E R E N G I S N A N
```

GÜMÜŞ	GRİ
BEYAZ	UZUN
SARIŞIN	KAHVERENGI
PARLAK	INCE
KEL	SIYAH
RENKLİ	DALGALI
KISA	SAĞLIKLI
YUMUŞAK	KURU
KALIN	ÖRGÜ
KIVIRCIK	ÖRGÜLÜ

15 - Restaurant #1

```
M  B  T  A  S  L  D  O  Y  U  Z  U  D  C
E  A  A  A  L  E  R  J  İ  L  V  Z  R  Y
R  H  V  Y  K  A  H  V  E  T  K  R  E  Y
T  A  U  Q  A  S  K  Y  F  O  V  P  Z  T
P  R  K  U  H  N  K  F  S  K  T  F  E  D
H  A  L  Z  T  R  G  J  I  J  U  I  R  B
Z  T  D  M  J  R  G  A  N  M  F  O  V  D
B  L  I  M  K  L  N  Y  R  D  M  Y  A  M
Z  I  B  I  Ç  A  K  B  M  S  O  S  S  E
P  E  Ç  E  T  E  O  V  E  U  O  M  Y  K
G  U  S  M  A  H  L  U  N  D  T  N  O  M
R  I  V  D  T  T  N  Ü  O  G  F  N  E
Q  Z  D  M  L  G  P  G  Y  T  A  B  A  K
L  E  I  A  I  E  S  M  O  O  O  Y  M  K
```

ALERJİ	GIDA
TABAK	EKMEK
TAS	TAVUK
KAHVE	REZERVASYON
BIÇAK	SOS
MUTFAK	BAYAN GARSON
TATLI	PEÇETE
BAHARATLI	ET
MENÜ	

16 - Mammifères

```
K M E A S D I B A L I N A K
I A L A K D J N V E V B V O
K Y N U T B O Ğ A N J Q F Y
T M P G O R İ L Z E B R A U
D U N T U R A T A A S N N N
Ç N O Y R R V A P Y U N U S
A S L A N C U V D I I S T D
K K A P L A N Ş F I L T L J
A K E D İ T K A V R Y A E B
L R G T Q V L N K K A D I K
A H D F V A C J U G S I H Ö
I V K L Q Y G I R K R M T P
G D A P I A D S T İ L K İ E
Z Ü R A F A I G K C N Y J K
```

BALINA
KEDİ
AT
KÖPEK
ÇAKAL
YUNUS
FIL
ZÜRAFA
GORİL
KANGURU

TAVŞAN
ASLAN
KURT
KOYUN
AYI
TİLKİ
MAYMUN
BOĞA
KAPLAN
ZEBRA

17 - Sports

```
B  A  S  K  E  T  B  O  L  U  M  S  S  H
Z  V  T  Ş  A  M  P  İ  Y  O  N  A  T  A
T  D  M  L  F  A  I  E  I  Z  E  L  A  R
U  C  J  Q  E  Z  K  H  A  G  E  O  D  E
H  O  K  E  Y  T  Q  N  U  F  Q  N  Y  K
A  Y  O  B  I  S  I  K  L  E  T  Z  U  E
K  U  Ç  L  B  O  Y  U  N  C  U  R  M  T
E  N  H  R  E  E  G  O  L  F  G  E  H  I
M  T  U  U  V  P  Y  K  A  Z  A  N  A  N
N  E  T  J  H  O  A  Z  M  D  D  M  M  J
G  N  O  A  S  O  V  U  B  F  N  Z  E  V
C  İ  Z  L  K  A  F  I  M  O  R  V  S  B
H  S  N  M  M  I  C  U  I  N  L  Y  M  E
C  L  D  D  J  İ  M  N  A  S  T  İ  K  D
```

HAKEM	SALON
ATLET	JİMNASTİK
BEYZBOL	HOKEY
BASKETBOL	OYUN
ŞAMPİYON	OYUNCU
KOÇ	HAREKET
TAKIM	STADYUM
KAZANAN	TENİS
GOLF	BISIKLET

18 - Chocolat

```
K H U Z B O F C P K Y N L L
G A C I F S F G O L H F A E
K R R R U V M V V I F P T Z
J O Z A N A A T V L Z S A Z
M M B P M E G Z O T I K T E
K A K A O E N M K Z Z Y P T
U B O H Ö Z L E M D Z J C F
U I A N T İ O K S İ D A N A
K L Z L B I T V N L E I K V
D A C Y L L O A U K M Ç A O
Y I L L E Z Z E T L I E L R
Q M D O S G D B L L G R I I
Y R A R R F P Z S K I I T U
Z K I S U İ F D S Ş E K E R
```

ACI	ÖZLEM
ANTİOKSİDAN	EGZOTIK
AROMA	FAVORI
ZANAAT	TAT
KAKAO	IÇERIK
KALORİ	TOZ
KARAMEL	KALITE
LEZZETLI	LEZZET
TATLI	ŞEKER

19 - Mathématiques

```
D  Ç  A  P  L  Z  A  K  Ü  R  E  A  P  L
A  İ  G  E  Y  B  R  A  İ  J  N  Ç  A  Ü
N  G  K  E  N  K  İ  R  N  G  C  I  R  S
I  Y  L  D  O  F  T  E  B  K  D  L  A  İ
A  B  J  D  Ö  M  M  P  S  O  E  A  L  M
Ü  Ç  G  E  N  R  E  D  A  Ş  N  R  E  E
O  K  E  S  I  R  T  T  Q  U  K  T  L  T
O  N  H  V  H  P  İ  G  R  T  L  T  K  R
O  A  D  H  V  L  K  P  E  İ  E  O  E  İ
F  V  V  A  Ç  O  K  G  E  N  M  P  N  L
C  Y  V  C  L  Ç  E  V  R  E  H  L  A  M
R  Q  R  I  E  I  J  F  G  T  O  A  R  A
E  K  J  M  L  S  K  P  U  J  U  M  O  V
Y  A  R  I  Ç  A  P  I  E  Q  D  H  G  N
```

AÇILAR	PARALELKENAR
ARİTMETİK	ÇEVRE
KARE	ÇOKGEN
ONDALIK	YARIÇAP
ÇAP	DIKDÖRTGEN
ÜS	TOPLAM
DENKLEM	KÜRE
KESIR	SİMETRİ
GEOMETRİ	ÜÇGEN
KOŞUT	HACIM

20 - Mythologie

```
L  A  B  İ  R  E  N  T  U  N  K  G  Y  S
D  K  D  B  U  S  N  F  O  U  Ü  Ö  I  Ö
D  G  U  A  Ü  V  Q  P  F  M  L  K  L  L
K  I  F  L  V  Y  F  P  Y  U  T  G  D  Ü
I  H  F  A  V  R  Ü  E  K  N  Ü  Ü  I  M
S  I  N  A  N  Ç  A  L  A  E  R  R  R  S
K  E  F  S  A  N  E  N  Ü  H  Y  Ü  I  Ü
A  A  S  A  V  A  Ş  Ç  I  M  F  L  M  Z
N  N  H  Ö  L  Ü  M  L  Ü  Ş  G  T  D  L
Ç  Y  A  R  A  T  I  L  I  Ş  D  Ü  O  Ü
L  I  R  Y  A  R  A  T  I  K  E  S  R  K
I  M  L  R  O  M  U  J  E  P  L  Ü  G  T
K  U  V  V  E  T  A  F  E  L  A  K  E  T
R  N  S  O  H  C  A  N  A  V  A  R  K  B
```

NUMUNE	KAHRAMAN
FELAKET	ÖLÜMSÜZLÜK
DAVRANIŞ	KISKANÇLIK
YARATILIŞ	LABİRENT
YARATIK	EFSANE
INANÇ	BÜYÜLÜ
KÜLTÜR	CANAVAR
YILDIRIM	ÖLÜMLÜ
KUVVET	GÖK GÜRÜLTÜSÜ
SAVAŞÇI	

21 - Restaurant #2

```
S  Ç  O  R  B  A  S  V  U  H  G  T  Q  C
G  A  R  S  O  N  Q  M  C  U  P  I  S  D
S  T  L  J  N  D  R  F  Z  D  K  G  T  D
O  A  T  A  L  E  Z  Z  E  T  L  I  M  H
Y  L  P  N  T  B  A  L  I  K  E  K  D  J
Y  H  A  Y  P  A  S  E  B  Z  E  L  E  R
U  U  S  A  N  D  A  L  Y  E  L  Y  Y  Z
Y  M  M  E  Z  E  Q  L  M  R  B  Q  B  O
G  B  P  U  E  U  A  Q  E  İ  L  V  Z  A
A  S  Q  V  R  F  I  K  Y  Ş  O  J  T  P
T  B  U  Z  U  T  Y  A  V  T  B  E  E  I
S  U  Z  D  V  B  A  Ş  E  E  P  E  O  R
G  P  Z  C  K  Q  S  I  F  B  O  Y  P  L
B  A  H  A  R  A  T  K  Y  T  E  G  G  A
```

MEZE	BUZ
SANDALYE	SEBZELER
KAŞIK	ERİŞTE
LEZZETLI	YUMURTA
SU	BALIK
BAHARAT	SALATA
ÇATAL	TUZ
MEYVE	GARSON
KEK	ÇORBA

22 - Couleurs

```
C E J P G B K T R R M C O H
A E G K K T A F U Ş Y A F H
M S S E B Q H S V R M R Z S
G I C Y A Z V J D P U R P S
Ö Y Z Y K F E M J L M N L N
B A L O J O R T A R I V C E
E H I V O E E D K V K B N U
Ğ Y E Ş I L N N O Z I E P S
I P E M B E G R I F R J O Z
S A R I L Z I A T H M K Z G
S E P Y A B E Y A Z I C J R
U Z U G L S S K C T Z M U U
F A R L Z S E T O Q I K O V
P S L N T C M Z P V S B C R
```

BEJ
BEYAZ
MAVI
CAMGÖBEĞI
FUŞYA
GRI
SARI
KAHVERENGI

SIYAH
TURUNCU
PEMBE
KIRMIZI
SEPYA
YEŞIL
MOR

23 - Avions

```
R  A  K  I  M  D  T  P  H  F  V  I  B  L
E  M  G  C  P  C  A  M  İ  Y  Ö  N  O  G
C  M  O  U  Q  A  R  R  D  L  Y  I  E  A
G  T  G  J  Z  A  I  Y  R  T  O  Ş  C  F
K  T  Y  A  P  I  H  Ü  O  V  L  T  P  Y
Ş  İ  Ş  İ  R  M  E  K  J  S  C  E  B  A
G  Y  T  S  T  O  P  S  E  K  U  F  M  T
T  Ö  Z  K  Q  T  G  E  N  H  C  G  A  M
A  P  K  S  C  O  M  K  R  A  N  I  C  O
M  S  G  Y  U  R  L  L  J  V  E  B  E  S
C  L  J  A  Ü  Y  L  I  N  A  A  H  R  F
P  F  J  K  F  Z  Y  K  F  K  F  N  A  E
A  E  A  I  J  A  Ü  B  A  L  O  N  E  R
Z  F  L  T  M  Ü  R  E  T  T  E  B  A  T
```

HAVA	MÜRETTEBAT
RAKIM	ŞİŞİRMEK
ATMOSFER	YÜKSEKLIK
MACERA	PERVANE
BALON	TARIH
YAKIT	HİDROJEN
GÖKYÜZÜ	MOTOR
YAPI	YOLCU
INIŞ	PİLOT
YÖN	

24 - Aventure

```
U  D  E  S  E  Y  A  H  A  T  L  E  R  C
P  F  O  M  J  Q  B  U  N  V  H  K  S  M
R  D  T  Ğ  N  D  F  H  N  B  I  G  N  N
P  N  O  E  A  İ  H  E  D  E  F  D  C  M
G  E  Z  I  H  I  Y  V  Z  O  R  L  U  K
H  Y  M  B  V  L  F  E  Ş  A  N  S  G  F
S  E  F  E  R  P  I  S  T  L  P  E  Ü  I
K  N  U  C  P  Q  M  K  D  T  A  V  Z  R
U  I  G  C  E  S  A  R  E  T  C  İ  E  S
Z  O  R  L  U  K  L  A  R  L  D  N  L  A
H  A  Z  I  R  L  I  K  D  C  I  Ç  L  T
G  Ü  Z  E  R  G  A  H  F  F  Y  Z  I  D
Ş  A  Ş  I  R  T  I  C  I  D  Y  K  K  J
O  L  A  Ğ  A  N  D  I  Ş  I  M  D  Q  Z
```

GÜZELLIK	GÜZERGAH
CESARET	SEVİNÇ
ŞANS	DOĞA
TEHLIKELI	SEFER
HEDEF	YENI
ZORLUKLAR	FIRSAT
ZORLUK	HAZIRLIK
HEVES	EMNİYET
GEZI	ŞAŞIRTICI
OLAĞAN DIŞI	SEYAHATLER

25 - Ville

```
G H V C H M M R S P K S S K
Ç A B P S T A D Y U M Ü İ Ü
İ K L İ N İ K L U T A P N T
Ç İ R E S T O R A N P E E Ü
E T C T R A Y E P E K R M P
K A F G C İ L L A E C M A H
Ç P E I M N B O K U L A Q A
İ Ç C A R S B T N D L R D N
M I Z L P I A E H B S K V E
Ü Q A I A I N L V L R E J A
Z A N F Z I K T İ Y A T R O
E L E H A V A L İ M A N I J
U Z N C R S V D F V H L O H
D Ü N I V E R S I T E F M I
```

HAVALİMANI
BANKA
KÜTÜPHANE
FIRIN
SİNEMA
KLİNİK
OKUL
ÇİÇEKÇİ
GALERİ
OTEL

KİTAPÇI
PAZAR
MÜZE
ECZANE
RESTORAN
SALON
STADYUM
SÜPERMARKET
TİYATRO
ÜNIVERSITE

26 - Cuisine

```
E  E  A  U  V  S  İ  U  M  N  L  B  P  B
P  B  S  S  O  N  Ü  Z  E  P  U  A  E  A
J  C  Z  İ  T  J  H  R  Y  C  M  H  Ç  R
S  R  R  L  R  T  P  A  M  Y  A  E  D
D  Ü  K  A  V  A  N  O  Z  H  Z  R  T  A
Q  D  N  Ö  N  L  Ü  K  K  Y  İ  A  E  K
K  O  B  G  Y  J  P  A  E  A  B  T  L  L
D  N  I  İ  E  P  G  Z  P  P  Ş  N  S  N
B  D  Ç  M  G  R  S  A  Ç  N  F  İ  E  I
T  U  A  Z  K  J  M  N  E  T  İ  R  K  Z
E  R  K  I  Z  C  F  Q  G  A  R  N  C  G
B  U  Z  D  O  L  A  B  I  S  I  P  E  A
O  C  V  Z  Y  U  C  V  D  B  N  V  O  R
G  U  Z  O  K  Ç  A  T  A  L  L  A  R  A
```

TAS	ÇATALLAR
KAZAN	İZGARA
DONDURUCU	KEPÇE
BIÇAK	GIDA
SÜRAHI	KAVANOZ
KAŞIK	BUZDOLABI
BAHARAT	PEÇETE
SÜNGER	ÖNLÜK
FIRIN	BARDAK

27 - Gentillesse

```
D  L  Y  N  R  M  D  F  M  K  O  O  B  J
G  I  I  S  L  M  S  S  İ  Z  M  H  Q  P
R  Ü  E  Y  I  U  D  O  S  T  Ç  A  S  J
Y  U  V  A  F  T  T  J  A  A  G  S  E  I
S  E  V  E  N  L  I  R  F  Z  K  T  V  O
A  H  F  B  N  U  F  Z  İ  O  T  A  E  A
Y  O  V  K  R  I  D  Ü  R  Ü  S  T  C  L
G  Ş  G  T  D  Z  L  B  P  G  A  Y  E  I
I  G  C  M  G  M  T  I  E  E  N  A  N  C
L  Ö  Ö  Z  E  N  L  İ  R  R  L  R  O  I
I  R  M  I  D  S  O  F  V  Ç  A  A  N  A
B  Ü  E  H  C  Z  Q  L  E  E  Y  R  F  I
V  L  R  U  B  Y  U  L  R  K  I  L  C  M
Y  Ü  T  V  H  B  K  L  O  U  Ş  I  R  P
```

SEVECEN	MUTLU
SEVEN	DÜRÜST
DOSTÇA	MİSAFİRPERVER
ÖZENLİ	HASTA
GERÇEK	SAYGILI
ANLAYIŞ	ALICI
GÜVENILIR	HOŞGÖRÜLÜ
CÖMERT	YARARLI

28 - Corps Humain

```
C D M J Y V E M B K U L A K
K Y I D I Z K Q U A Ğ I Z K
Y Q D R L G A I R N Ş K R Y
Q E E V S O Y R U K A L P E
B Ç L E L E A E N R S A G I
O E K J K S K S U T C O A D
Y N Y T B O B Z P M S L B O
U E Ü I V M I R I P G Q A H
N Z Z G N U L U J C I L T P
E U J B Z Z E M H H D E E A
D V T Y I Y Ğ E Q K U Z L R
P N U Y C L I D S O D S G M
C Y B J G G H I S T A C F A
N J Z N E I R L U D K G F K
```

AĞIZ	DIL
BEYIN	DUDAK
AYAK BILEĞI	EL
BOYUN	ÇENE
DIRSEK	BURUN
KALP	KULAK
PARMAK	CILT
MIDE	KAN
OMUZ	BAŞ
DIZ	YÜZ

29 - Épices

```
O  U  I  T  S  T  U  Z  G  L  P  V  Z  H
M  O  G  P  N  S  A  F  R  A  N  A  I  F
E  P  R  F  N  S  N  R  E  Z  E  N  E  A
Y  Y  I  S  O  Ğ  A  N  Ç  N  F  İ  N  C
A  S  A  R  I  M  S  A  K  I  I  L  Q  I
N  U  E  K  Ş  I  O  H  E  U  N  Y  J  B
K  İ  Ş  N  İ  Ş  N  Y  T  K  F  A  I  I
K  I  R  M  I  Z  I  B  İ  B  E  R  C  B
V  O  S  P  L  K  K  İ  M  Y  O  N  E  E
K  A  K  U  L  E  Ö  M  N  D  Y  B  V  R
M  N  N  J  C  O  Z  R  H  G  S  K  İ  V
Y  G  P  L  B  T  B  Z  İ  J  Q  Q  Z  Y
Z  E  N  C  E  F  I  L  E  D  A  O  P  E
T  T  K  E  G  L  G  R  B  T  M  F  R  A
```

EKŞI	ZENCEFIL
SARIMSAK	CEVİZ
ACI	SOĞAN
ANASON	KIRMIZI BİBER
TARÇIN	BIBER
KAKULE	MEYAN
KİŞNİŞ	SAFRAN
KİMYON	LEZZET
KÖRİ	TUZ
REZENE	VANİLYA

30 - Science

```
Q Y O R R V H İ P O T E Z B
Z U Ö Y E R Ç E K İ M İ P İ
C K V N E V R İ M L V E A T
F H H Z T F O S İ L I Z R K
F İ Z İ K E I S K V S M Z İ
G O A H J A M O L E K Ü L L
U C M H Z T F A G R C L G E
Z İ A E M O A S Ö I D N E R
D T K J R M E U Z O B A R D
P A R Ç A C I K L A R P Ç E
K I M Y A S A L E D E N E Y
O O R G A N İ Z M A O B K Z
L A B O R A T U V A R Ğ R S
M İ N E R A L L E R J L A E
```

ATOM
KIMYASAL
IKLIM
VERI
DENEY
EVRIM
GERÇEK
FOSİL
YERÇEKİMİ
HIPOTEZ

LABORATUVAR
YÖNTEM
MİNERALLER
MOLEKÜL
DOĞA
GÖZLEM
ORGANİZMA
PARÇACIKLAR
FİZİK
BİTKİLER

31 - Chats

```
L Q G T J V J U K C M D T A
K P D D V D C Q Y M H E T N
B N V D P R M J B K V L D F
B A V C I H I Z L I U İ Q A
L U Ğ U Y Q T R A O H Y U R
K I Ş I L I K U Y R U K L E
Y L P T M M E R A K L I O T
H Z N U F S I O U D Y D G D
V A H Ş İ E I U T A N G A Ç
U D K N Z V N Z Q V S T F H
F Z F K P E N Ç E K Ü R K C
U L L R F C V A A G H S N Z
U T F C Q E K Ü Ç Ü K J P A
R O O Q S N H O I P L I K Q
```

SEVECEN
AVCI
MERAKLI
UYKU
IPLIK
DELİ
KÜRK
BAĞIMSIZ

PENÇE
KIŞILIK
KÜÇÜK
KUYRUK
HIZLI
VAHŞİ
FARE
UTANGAÇ

32 - Vêtements

```
C O K N E L B I S E T V G A
N A S K C E K E T T A V Ö Y
Q E K E M E R M K E K I M A
E Z A O A Z U J I K I M L K
Ş F H V T V O V L J J J E K
K A E L D I V E N L E R K A
V A P İ J A M A B L U Z P B
F N Z K A E H I M J P U A I
N J U A A A F N K Y T Z N Z
A F O N K Y Z K H J O K T M
Ö N L Ü K P J O F H F Z O Y
P N S A N D A L E T A S L D
B I L E Z I K Y S C N V O F
M O D A U N O E Ş A R P N Z
```

TAKI	KOT
BILEZIK	ETEK
KEMER	MODA
ŞAPKA	PANTOLON
AYAKKABI	KAZAK
GÖMLEK	PİJAMA
BLUZ	ELBISE
KOLYE	SANDALET
EŞARP	ÖNLÜK
ELDIVENLER	CEKET

33 - Arts Visuels

```
B  B  O  Y  A  M  A  E  M  Ş  T  F  K  P
G  M  İ  M  A  R  İ  N  F  A  E  O  A  E
K  F  R  P  O  R  T  R  E  B  B  T  L  R
H  I  L  S  Q  B  A  G  A  L  E  O  E  S
E  L  L  S  Z  J  A  T  P  O  Ş  Ğ  M  P
Y  M  Z  G  K  R  S  Ş  I  N  İ  R  V  E
K  Y  D  L  I  E  S  G  Y  C  R  A  Y  K
E  F  R  A  U  Z  A  V  J  A  I  F  I  T
L  M  D  B  A  L  M  U  M  U  P  L  D  I
K  O  M  P  O  Z  I  S  Y  O  N  I  I  F
Ş  Ö  V  A  L  E  N  C  J  J  P  M  T  K
S  A  N  A  T  Ç  I  Z  C  V  Z  Y  M  Z
R  G  U  R  Z  O  A  I  K  E  L  Q  O  A
G  T  G  P  Z  Z  F  U  B  B  B  S  J  L
```

MİMARİ	YARATICILIK
KIL	FILM
SANATÇI	BOYAMA
BAŞYAPIT	PERSPEKTIF
ŞÖVALE	FOTOĞRAF
BALMUMU	ŞABLON
KOMPOZISYON	PORTRE
TEBEŞİR	HEYKEL
KALEM	

34 - Méditation

```
D U R U Ş O F T S K A M P A
A K I L T A H S H V L A E L
M I N N E T T A R L I K R I
A Ç I K L I K M R L H M S Ş
U Z P M D O D B Ü E E B P K
Y İ M H U U T I G Z K G E A
A H A Z I K Y T H L I E K N
N İ D O Ğ A R G D T N K T L
I N E Z A K E T U D A G I I
K S J O K P T N L L A H F K
M E R H A M E T V K A B U L
T L N E F E S A L M A R O A
B A R I Ş G Ö Z L E M B T R
S A K I N S E S S I Z L I K
```

KABUL	ZİHİNSEL
SAKIN	HAREKET
AÇIKLIK	MÜZIK
MERHAMET	DOĞA
AKIL	GÖZLEM
DUYGULAR	BARIŞ
UYANIK	PERSPEKTIF
NEZAKET	DURUŞ
MINNETTARLIK	NEFES ALMA
ALIŞKANLIKLAR	SESSIZLIK

35 - Littérature

```
K  R  O  M  A  N  J  G  O  B  Ş  T  A  G
A  A  A  C  Y  T  H  G  L  İ  İ  R  N  Y
R  N  F  I  T  A  N  I  M  Y  İ  A  A  O
Ş  E  U  I  Q  R  Z  I  G  O  R  J  L  D
I  K  B  F  Y  Z  L  A  B  G  S  E  I  Q
L  D  D  I  U  E  N  P  R  R  E  D  Z  Z
A  O  D  Z  G  S  H  F  İ  A  L  İ  T  P
Ş  T  Q  İ  F  R  I  N  T  F  D  E  E  C
T  F  O  S  Y  V  O  O  İ  İ  C  P  M  G
I  V  D  V  B  A  J  S  M  A  M  K  A  B
R  L  G  A  B  J  L  Z  F  R  Q  U  Ş  C
M  E  C  A  Z  L  S  O  N  U  Ç  R  I  J
A  N  A  L  O  J  İ  T  G  Y  Y  G  I  C
E  Z  M  A  N  L  A  T  I  C  I  U  R  D
```

ANALOJİ	MECAZ
ANALIZ	ANLATICI
ANEKDOT	ŞIIR
YAZAR	ŞİİRSEL
BİYOGRAFİ	KAFIYE
KARŞILAŞTIRMA	ROMAN
SONUÇ	RİTİM
TANIM	TARZ
DİYALOG	TEMA
KURGU	TRAJEDİ

36 - Nourriture #1

```
S  B  M  V  A  K  T  V  D  O  G  J  J  A
V  Ş  E  M  L  G  T  T  F  D  U  Z  B  O
B  F  A  M  E  Y  V  E  S  U  Y  U  Q  C
F  Ç  İ  L  E  K  B  B  A  R  M  U  T  G
H  E  O  A  G  S  F  M  R  A  B  H  E  F
O  Z  S  O  Ğ  A  N  K  I  H  A  V  U  Ç
T  U  Z  L  H  S  M  L  M  P  L  N  K  O
A  P  O  İ  E  Y  D  İ  S  Ş  I  A  B  R
Y  R  N  S  R  Ğ  B  M  A  E  K  Y  D  B
G  S  P  P  S  A  E  O  K  K  A  Y  D  A
E  T  T  A  R  Ç  I  N  E  E  H  S  Ü  T
G  O  U  N  K  S  O  U  A  R  V  Q  D  J
E  B  S  A  L  A  T  A  B  U  E  P  J  B
E  I  N  K  A  S  F  N  R  O  J  P  L  A
```

SARIMSAK	ŞALGAM
FESLEĞEN	SOĞAN
KAHVE	ARPA
TARÇIN	ARMUT
HAVUÇ	SALATA
LİMON	TUZ
ISPANAK	ÇORBA
ÇİLEK	ŞEKER
MEYVE SUYU	BALIK
SÜT	ET

37 - Jours et Mois

```
R  F  Y  O  O  C  A  K  H  A  F  T  A  L
Z  Y  J  G  D  U  Y  P  A  T  O  V  G  S
J  O  S  B  I  M  O  E  Z  S  B  T  P  T
E  L  I  E  E  A  N  R  I  E  I  A  A  B
M  Y  F  Z  K  R  V  Ş  R  L  F  M  Z  N
C  Y  L  F  I  T  Y  E  A  P  A  Z  A  R
Ç  T  Y  Ü  M  E  N  M  N  S  O  Q  R  Q
C  A  I  U  L  S  Ş  B  I  A  P  S  T  Q
G  K  R  F  F  I  U  E  S  L  U  M  E  V
Z  V  O  Ş  Z  H  B  Z  A  I  J  G  S  F
P  I  C  Z  A  T  A  M  N  B  P  C  I  S
P  M  A  R  T  M  T  T  E  M  M  U  Z  U
N  D  I  N  Z  L  B  C  U  M  A  C  M  P
G  A  Y  C  I  P  J  A  Ğ  U  S  T  O  S
```

AĞUSTOS	SALI
NISAN	MART
TAKVIM	ÇARŞAMBA
PAZAR	AY
ŞUBAT	KASIM
OCAK	EKIM
PERŞEMBE	CUMARTESI
TEMMUZ	HAFTA
HAZIRAN	EYLÜL
PAZARTESI	CUMA

38 - Championnat

```
F  A  F  N  Z  O  Y  Z  P  A  F  O  K  D
G  T  E  R  L  E  M  E  K  T  İ  U  J  A
M  A  D  A  L  Y  A  P  I  U  N  R  P  Y
N  M  T  A  K  I  M  L  T  R  A  Y  E  A
I  S  O  S  T  P  O  Y  U  N  L  A  R  N
F  P  H  T  Ş  J  O  Z  Z  U  İ  R  F  I
K  O  Ç  R  İ  A  B  M  I  V  S  G  O  K
G  R  B  A  J  V  M  M  D  A  T  I  R  L
A  P  D  T  O  Q  A  P  N  E  U  Ç  M  I
Z  N  Y  E  I  R  H  S  İ  Y  A  H  A  L
N  H  V  J  A  J  R  L  Y  Y  E  R  N  I
V  K  Z  İ  Y  E  V  A  İ  O  O  A  S  K
K  Z  A  F  E  R  R  E  J  G  N  N  N  I
O  T  V  G  D  S  P  N  Z  J  B  V  V  E
```

ŞAMPİYON	MADALYA
DAYANIKLILIK	MOTİVASYON
KOÇ	PERFORMANS
TAKIM	SPOR
FİNALİST	STRATEJİ
OYUNLAR	TURNUVA
YARGIÇ	TERLEME
LİG	ZAFER

39 - Pirates

```
T  K  M  A  C  E  R  A  P  O  M  H  E  C
R  E  J  E  J  K  E  L  A  K  S  A  F  G
P  R  H  P  A  M  F  T  P  Y  İ  R  S  M
T  E  L  L  N  H  F  I  A  A  K  İ  A  Ü
D  C  O  A  I  Y  J  N  Ğ  N  K  T  N  R
J  N  C  J  E  K  M  M  A  U  E  A  E  E
G  Z  Q  Ç  M  K  E  A  N  S  L  D  N  T
Y  A  R  A  İ  Z  İ  P  Ğ  S  J  G  K  T
H  H  N  P  B  V  C  R  R  A  H  A  Ö  E
A  D  A  A  A  B  A  L  O  S  R  Y  T  B
Z  B  N  T  Y  T  Q  P  L  M  Y  A  Ü  A
I  A  O  S  R  K  A  P  T  A  N  D  A  T
N  A  H  O  A  U  K  V  S  G  I  K  M  V
E  E  D  U  K  I  L  I  Ç  H  I  M  N  D
```

ÇAPA	ADA
MACERA	EFSANE
KAPTAN	KÖTÜ
HARİTA	OKYANUS
YARA İZİ	ALTIN
TEHLIKE	PAPAĞAN
BAYRAK	SİKKE
KILIÇ	PLAJ
MÜRETTEBAT	ROM
MAĞARA	HAZINE

40 - Activités

```
K C Y S E O B O Ş L P Z Y C
A V C I L I K O K J F S Ü L
G V Y H Q A E V Y U C R R U
R S F I I L S R U A M H Ü B
H V L R S L D K F E M A Y A
V B U L M A C A L A R A Ü H
M A J U A D I J N V D L Ş Ç
U Z N G U T G F F S İ Ö G I
B A L I K Ç I L I K K R C V
R A H A T L A M A L İ M R A
S A N A T P T I S N Ş E F N
F Z E V K O Y U N L A R J L
E Q A B S H U S B E C E R I
S E R A M İ K Y Q D M G Q K
```

SANAT
SERAMİK
AVCILIK
BECERI
DİKİŞ
DANS
BAHÇIVANLIK
OYUNLAR
OKUMA

BOŞ
SIHIR
BOYAMA
BALIKÇILIK
ZEVK
BULMACALAR
YÜRÜYÜŞ
RAHATLAMA
ÖRME

41 - Fleurs

```
Z  A  M  B  A  K  M  Ş  D  P  K  T  D  V
Q  N  L  U  G  A  H  A  Ş  H  A  Ş  D  Q
B  E  K  K  A  R  A  K  N  L  E  P  Z  C
Y  R  L  E  R  A  Y  A  K  O  O  G  Z  A
A  G  A  T  D  H  Ç  Y  Q  R  L  K  G  L
S  İ  L  L  E  İ  İ  İ  D  K  E  Y  P  A
E  S  E  E  N  Ç  K  K  İ  Y  L  A  V
M  N  Y  V  Y  D  E  Z  U  D  L  U  P  A
İ  H  G  F  A  İ  Ğ  N  P  E  A  T  A  N
N  M  Z  Ü  G  B  İ  I  N  T  K  Q  T  T
I  E  J  Y  L  A  Y  A  P  R  A  K  Y  A
Ç  A  R  K  I  F  E  L  E  K  P  S  A  Y
D  P  Q  M  Y  O  N  C  A  A  O  C  N  A
B  E  B  E  G  Ü  M  E  C  İ  P  G  I  L
```

BUKET	ORKİDE
GARDENYA	ÇARKIFELEK
EBEGÜMECİ	HAŞHAŞ
YASEMİN	YAPRAK
NERGİS	KARAHİNDİBA
LAVANTA	ŞAKAYIK
LEYLAK	GÜL
ZAMBAK	AYÇİÇEĞİ
MANOLYA	YONCA
PAPATYA	LALE

42 - Nourriture #2

```
S  B  U  Ğ  D  A  Y  B  E  T  Q  G  O  I
Y  U  M  U  R  T  A  A  L  F  G  Ü  V  P
B  H  B  N  C  T  N  L  M  U  Z  Z  V  R
E  R  T  A  V  U  K  I  A  A  J  Ü  V  M
K  P  O  K  D  L  T  K  G  S  N  M  F  A
M  A  Q  K  Q  E  E  O  P  U  I  G  R  N
E  T  E  I  O  T  M  J  I  U  H  Ç  O  T
K  L  D  R  T  L  K  E  R  E  V  İ  Z  A
C  I  H  A  Z  A  İ  F  I  I  Q  K  U  R
V  C  Z  Z  D  K  V  B  N  Q  S  O  T  P
J  A  M  B  O  N  İ  E  Ç  I  T  L  O  I
O  N  P  L  O  Y  M  U  V  H  N  A  G  Z
R  S  I  T  T  C  F  D  O  M  A  T  E  S
P  Z  Y  T  O  K  R  Z  Q  O  L  A  T  R
```

BADEM	KİVİ
PATLICAN	MANGO
MUZ	YUMURTA
BUĞDAY	EKMEK
BROKOLİ	BALIK
KIRAZ	ELMA
KEREVİZ	TAVUK
MANTAR	ÜZÜM
ÇİKOLATA	PIRINÇ
JAMBON	DOMATES

43 - Océan

İ	I	D	P	A	Y	B	A	S	Ü	N	G	E	R
I	S	F	H	N	O	A	H	N	I	M	G	C	R
G	K	T	P	C	S	L	T	A	P	T	E	F	K
K	R	K	İ	D	U	I	A	L	I	C	L	L	Ö
A	F	E	D	R	N	P	D	C	C	G	K	P
P	I	S	S	S	İ	A	O	L	K	R	İ	P	E
L	R	L	O	İ	B	D	T	T	S	M	T	U	K
U	T	B	J	C	F	T	Y	U	N	U	S	L	B
M	I	J	A	N	P	U	Y	E	N	G	E	Ç	A
B	N	B	M	L	E	Z	B	O	T	D	D	A	L
A	A	C	R	Z	I	M	E	R	C	A	N	S	I
Ğ	M	G	O	Z	E	K	A	R	İ	D	E	S	Ğ
A	Y	I	L	A	N	B	A	L	I	Ğ	I	R	I
D	E	N	İ	Z	A	N	A	S	I	K	R	Q	Z

YOSUN	GELGİT
YILAN BALIĞI	DENİZANASI
BALINA	BALIK
BOT	AHTAPOT
MERCAN	KÖPEKBALIĞI
YENGEÇ	RESİF
KARİDES	TUZ
YUNUS	FIRTINA
SÜNGER	KAPLUMBAĞA
İSTİRİDYE	

44 - Remplir

Ş	I	Ş	E	B	Y	K	L	K	M	B	S	H	I
Ç	E	K	M	E	C	E	O	H	U	A	K	R	U
E	K	Ü	L	E	E	D	R	V	T	V	R	Z	L
H	A	V	Z	A	P	O	D	I	A	U	H	P	E
G	V	E	A	Y	S	K	U	T	U	L	L	C	P
R	A	T	R	E	A	Ö	K	A	R	T	O	N	E
J	N	Ü	F	K	N	A	R	Ç	V	A	Z	O	I
P	O	P	O	T	D	L	A	B	A	B	E	O	B
A	Z	Q	A	Z	I	P	T	G	F	N	G	S	J
P	A	K	E	T	K	T	E	P	S	I	T	E	F
Y	P	G	C	A	F	L	Q	P	E	L	S	A	L
V	M	R	E	L	I	K	V	T	P	B	S	P	D
H	N	V	T	Y	Ç	V	E	U	E	U	T	Z	F
M	T	C	B	U	I	O	Y	B	T	I	B	U	K

KÜVET
FIÇI
HAVZA
KUTU
ŞIŞE
SANDIK
KARTON
KLASÖR
ZARF
SEPET

PAKET
TEPSI
CEP
KAVANOZ
ÇANTA
KOVA
ÇEKMECE
TÜP
BAVUL
VAZO

45 - Ballet

```
H  Z  S  Y  S  E  Y  I  R  C  I  U  E  B
T  E  K  N  İ  K  G  O  R  V  F  M  N  A
Q  B  E  S  T  E  C  İ  Ğ  J  T  L  J  L
Z  A  R  İ  F  F  E  A  M  U  T  J  U  E
K  A  A  İ  B  E  C  E  R  İ  N  B  H  R
D  O  K  M  T  A  R  Z  L  C  C  L  Z  İ
A  R  R  T  P  İ  Z  R  H  E  J  S  U  N
N  K  G  E  S  S  M  Ü  Z  I  K  A  S  K
S  E  C  J  O  I  S  G  C  G  K  N  O  A
Ç  S  A  K  R  G  O  G  O  P  A  A  L  U
I  T  I  V  Y  G  R  Y  J  E  S  T  O  N
L  R  P  R  O  V  A  A  U  T  L  S  Z  Z
A  A  L  K  I  Ş  I  D  F  T  A  A  A  T
R  A  N  L  A  M  L  I  S  İ  R  L  C  B
```

ALKIŞ	YOĞUNLUK
SANATSAL	KASLAR
BALERİN	MÜZIK
KOREOGRAFİ	ORKESTRA
BECERI	SEYIRCI
BESTECI	PROVA
DANSÇILAR	RİTİM
ANLAMLI	SOLO
JEST	TARZ
ZARİF	TEKNİK

46 - Fruit

```
O  D  J  M  V  G  P  A  P  A  Y  A  Ü  C
R  O  Y  G  C  B  D  N  K  İ  V  İ  Z  F
N  E  K  T  A  R  R  A  L  I  O  Q  Ü  V
R  C  A  V  U  C  İ  N  C  İ  R  I  M  Ş
L  U  Y  A  Y  R  F  A  G  P  K  A  U  E
E  A  I  Z  L  L  U  S  I  G  A  H  Z  F
P  R  S  E  L  M  A  N  J  O  V  U  P  T
D  M  I  M  A  N  G  O  C  V  U  D  G  A
D  U  G  U  A  V  A  L  Z  U  N  U  G  L
A  T  T  L  İ  M  O  N  N  D  S  D  U  I
A  V  O  K  A  D  O  H  Z  S  V  U  O  U
M  C  T  Z  R  O  K  R  O  Y  G  G  H  U
M  H  D  Q  Z  K  Q  F  T  Y  S  S  G  A
L  A  T  Y  J  M  M  U  Z  K  V  B  N  H
```

KAYISI	KİVİ
ANANAS	MANGO
AVOKADO	KAVUN
DUT	NEKTAR
MUZ	TURUNCU
KIRAZ	PAPAYA
LİMON	ŞEFTALI
İNCİR	ARMUT
AHUDUDU	ELMA
GUAVA	ÜZÜM

47 - Surf

```
E  K  C  F  F  T  A  T  L  E  T  C  E  V
G  Ğ  Ş  A  M  P  İ  Y  O  N  J  Q  K  Z
A  V  L  R  C  Z  O  I  N  R  Q  I  Ö  C
E  L  M  E  O  F  N  E  A  E  E  I  P  G
V  B  C  S  N  S  I  G  Y  T  H  T  Ü  R
D  B  T  İ  T  C  I  L  H  A  V  A  K  Q
P  A  P  F  G  S  E  N  I  A  I  R  S  Z
V  R  L  P  L  A  J  U  Z  K  H  Z  G  C
O  R  M  G  O  K  Y  A  N  U  S  O  P  G
P  F  L  U  A  P  L  A  F  V  A  G  T  B
A  Ş  I  R  I  E  Ü  Q  E  V  C  C  J  P
M  N  V  Q  R  L  L  L  D  E  E  I  R  Z
O  G  U  Z  Q  E  T  Q  E  T  M  I  D  E
L  N  U  Q  Q  F  L  H  I  R  I  E  H  D
```

EĞLENCE	KÖPÜK
ATLET	OKYANUS
ŞAMPİYON	PLAJ
ACEMI	POPÜLER
MIDE	RESİF
AŞIRI	TARZ
KUVVET	DALGA
HAVA	HIZ

48 - Technologie

```
B  K  E  A  O  Z  H  S  Y  İ  A  G  D  İ
I  V  A  K  Z  T  E  E  Q  B  R  Ü  İ  N
L  İ  T  M  R  O  S  M  V  T  A  V  J  T
G  R  H  K  E  A  A  E  E  A  Ş  E  İ  E
I  Ü  Q  R  G  R  N  S  R  R  T  N  T  R
S  S  D  O  S  Y  A  A  İ  A  İ  L  A  N
A  B  A  K  L  B  L  J  L  Y  R  I  L  E
Y  A  L  A  Y  A  Z  I  L  I  M  K  N  T
A  Y  T  O  F  O  R  T  O  C  A  A  P  A
R  T  O  G  G  İ  E  S  H  I  L  B  V  U
O  İ  M  L  E  Ç  S  E  U  İ  A  N  T  P
İ  S  T  A  T  İ  S  T  İ  K  J  E  P  P
S  G  D  K  N  F  K  S  D  F  O  K  V  S
E  B  P  İ  J  R  C  S  K  G  T  A  S  U
```

BLOG	TARAYICI
KAMERA	DİJİTAL
İMLEÇ	BAYT
VERI	BILGISAYAR
EKRAN	ARAŞTIRMA
DOSYA	GÜVENLIK
İNTERNET	İSTATİSTİK
YAZILIM	SANAL
MESAJ	VİRÜS

49 - Météo

```
G Ö K Y Ü Z Ü O K I G V B I
G Ö K G Ü R Ü L T Ü S Ü T H
G M U E V B U Z T Y C M K P
Ö K T F M U S O N I K L I M
K U U I F L I M E L E J S K
K Q P R J U C B S D G O İ U
U G Y T A T A L I I J A S R
Ş U F I O K K S N R K T L U
A T T N M D L Y T I A M M A
Ğ S R A D Z I I I M S O T T
I V E O M Q K E K F I S L R
Y H U L P R Ü Z G Â R F T U
Y P J U F İ P Y L S G E N N
H J K V L Q K E N V A R Z N
```

GÖKKUŞAĞI   BULUT
ATMOSFER   KUTUP
ESINTI   KURU
SİS   KURAKLIK
GÖKYÜZÜ   SICAKLIK
IKLIM   FIRTINA
YILDIRIM   GÖK GÜRÜLTÜSÜ
BUZ   KASIRGA
SEL   TROPİK
MUSON   RÜZGÂR

50 - Châteaux

```
M I F D I D I F T E O V T L
A Q N J U M O P E U L U J L
N H A H B U S G R O H S H U
C N V Ş Ö V A L Y E D A K P
I Y V G G I R N A J N A U R
N L V D T T A Ç R D H S L R
I Z U N U U Y S F E A I E C
K H E N D E K A N R N Y G S
C K K A L K A N S H E Z F B
K R A L L I K Y J A D I N J
I D T L D U V A R C A R I K
L D P R E N S N S D N H B A
I M P A R A T O R L U K B D
Ç A S I L Y D K M H L U L H
```

ZIRH   FEODAL
KALKAN   KALE
MANCINIK   HENDEK
AT   DUVAR
ŞÖVALYE   ASIL
TAÇ   SARAY
EJDERHA   PRENS
HANEDAN   PRENSES
IMPARATORLUK   KRALLIK
KILIÇ   KULE

51 - Randonnée

```
T  J  Q  O  I  Z  B  Y  A  V  Q  P  T  H
D  F  Y  P  R  Y  B  R  O  E  G  P  O  A
G  Ü  N  E  Ş  Y  V  S  H  R  S  E  P  Y
N  P  N  O  N  H  A  M  Y  O  G  İ  L  V
H  A  R  İ  T  A  T  N  J  L  T  U  A  A
H  R  T  R  A  Z  E  M  T  Y  E  R  N  N
A  K  I  Q  Ş  I  H  A  V  A  S  E  T  L
B  L  S  U  L  R  L  G  J  Z  S  L  I  A
N  A  K  C  A  L  İ  A  Ğ  I  R  Y  E  R
I  R  R  R  R  I  K  L  I  M  V  R  O  U
C  J  G  E  R  K  E  C  D  O  Ğ  A  M  N
U  Ç  U  R  U  M  L  Z  V  A  H  Ş  İ  Y
F  O  Q  Q  J  H  E  H  M  T  Ğ  M  T  D
Y  L  V  E  Z  H  R  G  T  U  Q  T  J  L
```

HAYVANLAR
HARİTA
IKLIM
TEHLİKELER
SU
UÇURUM
YORGUN
AĞIR
HAVA

DAĞ
DOĞA
ORYANTASYON
PARKLAR
TAŞLAR
HAZIRLIK
VAHŞİ
GÜNEŞ
TOPLANTI

52 - Nutrition

```
F  D  B  T  E  C  N  K  K  G  D  B  S  H
S  E  İ  G  E  J  I  A  S  K  C  N  G  U
A  N  R  Ş  Z  F  K  L  İ  J  V  L  M  K
Ğ  G  S  M  T  A  P  I  V  O  L  L  K  R
L  E  O  M  A  A  L  T  I  B  F  Y  Z  C
İ  L  S  V  Ğ  N  H  E  L  E  Z  Z  E  T
K  I  A  C  İ  T  T  K  A  S  K  T  P  S
L  U  Ğ  J  R  O  Y  A  R  İ  L  O  R  İ
I  E  L  U  L  K  R  L  S  N  T  P  O  N
S  C  İ  A  I  S  P  O  O  Y  J  F  T  D
F  L  K  Y  K  İ  U  R  M  R  O  V  E  İ
D  I  Y  E  T  N  D  İ  S  B  J  N  İ  R
V  K  B  A  H  A  R  A  T  G  H  H  N  İ
Y  E  N  İ  L  E  B  İ  L  I  R  Q  P  M
```

ACI
IŞTAH
KALORİ
YENILEBILIR
DIYET
SİNDİRİM
BAHARAT
DENGELI
FERMANTASYON
SIVILAR

BESİN
AĞIRLIK
PROTEİN
KALITE
SAĞLIKLI
SAĞLIK
SOS
LEZZET
TOKSİN

53 - Science Fiction

```
H S H E A A K E H A N E T L
A T E Ş Ş F İ D Ü T O P Y A
Y T K S I D T Ü K E F Y E V
A G O G R F A N T A S T I K
L T E M I M P Y V N E Y G S
İ E R R İ I L A A G N A P İ
T K O P Ç K A P G Ö A N A N
M N B G F E R J K K R I T E
T O O I E T K M Q A Y L L M
Z L T Z S Z C Ç D D O S A A
T O L E Y J E M İ A N A M N
L J A M C F S G R U C M A D
J I R L J Q Y I E G H A B B
P N N I Q K B Y S N C T U K
```

ATOMİK	DÜNYA
SİNEMA	GIZEMLI
PATLAMA	KEHANET
AŞIRI	GEZEGEN
FANTASTIK	GERÇEKÇİ
ATEŞ	ROBOTLAR
GÖKADA	SENARYO
YANILSAMA	TEKNOLOJI
HAYALİ	ÜTOPYA
KİTAPLAR	

54 - Vertus #1

```
U D V K B C L V J Y H C P G
C I H Z D Ü İ O K R E Ö R Ü
N K J E I E Y T H B O M A V
I B Y Y Y İ Ü E A C E T E
S A N A T S A L L M S R I N
M Ğ F K S S C D V E I T K I
Ü I M I D C J M R T Y Z A L
T M E L Y A R A R L I I L I
E S R L B I Y M B K Z P C R
V I A I A V E R I M L I S I
A Z K T U T K U L U C Y B G
Z M L Z B O A R G L Z G L E
I Z I B M O O V E H C L H Q
K P K M L A H N I A M I J U
```

SANATSAL	AKILLI
İYİ	MÜTEVAZI
BÜYÜLEYICI	TUTKULU
MERAKLI	HASTA
VERIMLI	PRATIK
GÜVENILIR	TEMIZ
CÖMERT	BILGE
BAĞIMSIZ	YARARLI

55 - Professions #1

```
D S P A I A T F D H O M K B
S A A T D O I Q I E A E V Ü
A V N N N M Q A T M V D G Y
S C Z S A H I Y F Ş U İ B Ü
T I O K Ç T Z M A I K T I K
R P L S J I Ç G I R A Ö I E
O G C F V S J I Y E T R E L
N D O K T O R J E O L O G Ç
O J T P U H N G C G U S A İ
M Ü Z İ S Y E N I S V Z N F
M Z I S F H U B A N K A C I
F A Y O T B B M L V O G B J
P S İ K O L O G C D Ç U E Y
P İ Y A N İ S T J U I Q S J
```

BÜYÜKELÇİ	EDİTÖR
SANATÇI	JEOLOG
ASTRONOM	HEMŞIRE
AVUKAT	DOKTOR
BANKACI	MÜZİSYEN
KUYUMCU	PİYANİST
AVCI	ITFAIYECI
DANSÇI	PSİKOLOG
KOÇ	

56 - Géologie

```
C  B  T  Y  J  B  S  J  F  O  S  İ  L  A
G  A  Y  Z  E  R  B  M  Y  G  A  S  Z  S
B  Ö  L  G  E  I  Z  S  M  B  R  P  A  İ
M  İ  N  E  R  A  L  L  E  R  K  L  Q  T
K  Q  A  E  A  J  E  M  U  G  I  A  C  K
A  M  K  U  V  A  R  S  A  G  T  V  M  A
E  E  D  Z  C  Q  P  Z  F  Ğ  Y  Z  B  L
K  R  İ  S  T  A  L  L  E  R  A  K  P  S
C  C  O  Y  A  Y  L  A  Q  I  R  R  N  İ
Q  A  Z  Z  V  O  L  K  A  N  B  F  A  Y
L  N  T  Y  Y  C  B  N  H  K  I  T  A  U
Z  Y  B  G  L  O  D  Ö  K  M  E  T  O  M
K  A  T  M  A  N  N  K  Q  B  P  P  A  R
M  U  M  N  J  G  T  U  Z  M  J  B  Y  Ş
```

ASİT	GAYZER
KALSİYUM	LAV
MAĞARA	MİNERALLER
KITA	TAŞ
MERCAN	YAYLA
KATMAN	KUVARS
KRİSTALLER	TUZ
EROZYON	SARKIT
DÖKME	VOLKAN
FOSİL	BÖLGE

57 - Cirque

```
B P H A Y V A N L A R Ş M Z
Q A K R O B A T H J D E U D
T L L G Ö S T E R M E K H G
F Y O O P Z K E S M D E T V
O A R E N P D Z G K T R E N
M Ç V N H L G E İ V K T Ş B
H O R U Y J A A L A Y C E A
T O N S İ H İ R B A Z O M M
B L K Q Ç A D I R S F G G Ü
İ P O K S E Y İ R C İ Y L Z
L I S L A G A L N U L H U I
E O T M B B A S L A N Q I K
T Z Ü İ M E A M A Y M U N R
R B M M H Z S Z K A P L A N
```

AKROBAT	SİHİRBAZ
HAYVANLAR	SIHIR
BALONLAR	GÖSTERMEK
BİLET	MÜZIK
ŞEKER	ALAY
PALYAÇO	MAYMUN
KOSTÜM	MUHTEŞEM
FİL	SEYİRCİ
HOKKABAZ	ÇADIR
ASLAN	KAPLAN

58 - Jardin

```
Y  T  A  O  B  Q  S  P  D  V  E  G  H  Y
L  B  O  S  Y  L  R  C  T  V  B  A  N  K
R  P  T  P  M  L  E  Y  H  N  Z  R  S  V
C  T  L  A  R  A  C  A  I  V  E  A  Q  Y
Z  Q  A  R  K  A  B  A  H  Ç  E  J  U  L
Z  V  R  H  Y  K  K  H  L  A  A  Ğ  A  Ç
T  R  A  M  B  O  L  İ  N  G  Ö  L  E  T
V  T  Y  H  O  R  T  U  M  I  Z  L  I  P
E  E  P  A  G  R  E  A  Ç  I  M  E  N  N
R  R  I  M  Y  H  Ç  D  I  H  S  E  F  C
A  A  P  A  R  Z  I  R  Ç  L  F  Z  P  T
N  S  A  K  T  A  T  O  E  K  Ü  R  E  K
D  Q  L  T  I  R  M  I  K  N  H  O  J  H
A  R  L  F  R  O  T  V  V  I  A  Q  G  J
```

AĞAÇ	OTLAR
BANK	KÜREK
ÇALI	VERANDA
ÇIT	TIRMIK
GÖLET	TOPRAK
ÇİÇEK	TERAS
GARAJ	TRAMBOLİN
HAMAK	HORTUM
ÇİMEN	ASMA
BAHÇE	

59 - Barbecues

```
Y  K  T  R  G  U  Q  D  S  O  S  U  K  Q
A  B  S  A  P  R  V  J  P  V  M  R  T  O
Z  I  D  T  V  V  H  I  Y  T  U  Z  S  Y
H  Ç  L  J  J  U  E  T  N  M  K  P  A  U
D  A  V  E  T  L  K  Q  O  U  F  A  A  N
P  K  I  S  E  B  Z  E  L  E  R  L  M  L
S  I  C  A  K  E  Q  S  I  S  V  K  M  A
B  J  U  L  Ç  O  C  U  K  L  A  R  E  R
Ç  A  T  A  L  L  A  R  P  R  O  C  Y  H
V  F  P  T  F  B  I  B  E  R  E  M  V  T
U  M  U  A  M  C  R  K  U  T  T  Ü  E  L
A  F  T  L  I  Z  G  A  R  A  B  Z  J  B
B  H  P  A  S  O  Ğ  A  N  E  L  I  Y  S
E  I  Q  R  J  K  Z  M  Q  C  Y  K  V  L
```

SICAK	OYUNLAR
BIÇAK	SEBZELER
ÇOCUKLAR	MÜZIK
YAZ	SOĞAN
AÇLIK	BIBER
AILE	TAVUK
ÇATALLAR	SALATALAR
MEYVE	SOS
IZGARA	TUZ
DAVET	

60 - Anniversaire

```
G M K Y J U I V M U M L A R
E Z U U K V E R E O S A R G
N Q K T T A K V I M G J K Ü
Ç V Y I L L Z M D B C P A N
O D B H F U A N B A J B R E
R M R H G B M M G A G J T Ş
Q P G A R K A D A Ş L A R E
Q S O V R P N H M F S J Y L
Ş A R K I L K E K S L N S I
Q I I R L A H D O Ğ M U Ş U
V A B Y D Ö B I L G E L I K
U F P S I I Z Y R E P V C H
C A Y K Ö Ğ R E N M E K M D
T L O G S S E Ğ L E N C E G
```

ARKADAŞLAR	KEK
EĞLENCE	MUTLU
YIL	GENÇ
ÖĞRENMEK	GÜN
MUMLAR	NEŞELI
HEDIYE	DOĞMUŞ
TAKVIM	BILGELIK
KART	ÖZEL
ŞARKI	ZAMAN
KUTLAMA	

61 - Animaux de Compagnie

```
K A P L U M B A Ğ A H K I K
B E C V V G S Q Z M A Ö L E
I N D I H B A V A D M P D R
S V B İ N E K Z Y B S E M T
P F A A Y I E K C V T K U E
C A T I A A J U E U E Y I N
B R P U K P V Y O D R A P K
Z E D A A O Y R T V İ V E E
K E Ç I Ğ K T U U F M R N L
K M R M Y A F K G S S U Ç E
Ö T A S M A N V I U U S E Q
P T A V Ş A N Z D O P U L F
E B A L I K P G A J L N E E
K V E T E R İ N E R Y G R J
```

KEDİ	TAVŞAN
KEDİ YAVRUSU	KERTENKELE
KEÇI	GIDA
KÖPEK	PAPAĞAN
KÖPEK YAVRUSU	BALIK
YAKA	KUYRUK
SU	FARE
PENÇELER	KAPLUMBAĞA
HAMSTER	İNEK
TASMA	VETERİNER

62 - Forêt Tropicale

```
Q  R  B  U  L  U  T  L  A  R  O  V  Ç  K
Q  O  E  İ  K  L  I  M  I  V  T  U  E  U
B  D  R  S  P  T  S  O  F  A  R  K  Ş  Ş
M  E  J  M  T  O  P  L  U  L  U  K  I  L
E  Ğ  T  C  A  O  E  T  I  T  T  O  T  A
M  E  H  Q  M  N  R  A  T  L  R  R  L  R
E  R  V  Z  B  O  T  A  N  İ  K  U  I  E
L  L  V  A  Y  Ö  S  L  S  F  D  M  L  C
İ  I  L  Q  O  H  C  U  S  Y  D  A  I  U
L  I  S  I  S  Z  B  E  K  A  O  K  K  O
E  J  Z  A  U  K  Z  Z  K  E  Ğ  N  Z  U
R  L  C  H  N  M  C  O  G  L  A  S  U  N
S  A  Y  G  I  Y  P  N  O  O  E  R  N  S
S  I  Ğ  I  N  A  K  Y  O  O  L  R  I  Y
```

BOTANİK	BULUTLAR
IKLIM	KUŞLAR
TOPLULUK	DEĞERLI
ÇEŞITLILIK	KORUMA
BÖCEKLER	SIĞINAK
ORMAN	SAYGI
MEMELİLER	RESTORASYON
YOSUN	BEKA
DOĞA	

63 - Insectes

```
Y G S I V R I S I N E K Y S
A A O T Z H R E O J K A U İ
Ğ A P E B G O Y G E E R S V
U Ğ U R B Ö C E Ğ I Ç I U R
S S K M A L A Z R K I N F İ
T A F İ J K A R R C B C Ç S
O K F T Z T D R I K O A U İ
S O L U C A N İ V M Y K K N
B Ç E K İ R G E D A N E U E
Ö B Ö C E K H I U N U L D K
C A G G H V U P P T Z E O I
E A U H K P Y İ T I U B N L
Ğ Y A B A N A R I S I E H Q
İ T U N Q Y R E C Z Q K G E
```

ARI	MANTIS
BÖCEK	SİVRİSİNEK
AĞUSTOSBÖCEĞİ	SIVRISINEK
UĞUR BÖCEĞI	KELEBEK
KEÇIBOYNUZU	PİRE
KARINCA	YAPRAKDİD
YABAN ARISI	ÇEKİRGE
LARVA	TERMİT
YUSUFÇUK	SOLUCAN

64 - Ferme #1

```
S  Ü  R  Ü  B  V  F  G  T  A  R  I  M  S
P  I  K  N  A  R  I  Ü  U  A  Y  J  G  R
E  B  F  A  L  J  Y  B  K  L  V  G  T  Q
E  Ş  E  K  U  H  N  R  T  E  I  U  H  P
S  P  C  E  E  G  H  E  M  O  D  R  K  Z
E  C  H  C  Q  Ç  G  Q  V  K  S  İ  D  E
L  H  U  D  E  I  I  V  I  Z  İ  A  T  D
N  U  K  R  J  T  P  I  R  I  N  Ç  U  T
E  P  Ö  Z  I  B  R  B  L  Y  E  S  U  V
S  E  P  H  Z  İ  A  L  A  N  K  A  N  Q
D  R  E  C  E  Z  F  K  D  R  D  M  T  K
D  S  K  H  K  O  S  F  Y  F  F  A  Z  M
H  V  O  Q  N  N  K  A  R  G  A  N  D  V
Q  N  B  U  Z  A  Ğ  I  H  N  B  G  Y  O
```

ARI	KARGA
TARIM	SU
EŞEK	GÜBRE
BİZON	SAMAN
ALAN	BAL
KEDİ	TAVUK
AT	PIRINÇ
KEÇI	SÜRÜ
KÖPEK	İNEK
ÇIT	BUZAĞI

65 - Escalade

```
A  N  O  Z  V  L  G  O  F  O  I  I  E  B
T  K  P  F  Y  K  A  S  K  T  T  F  Y  H
M  V  S  A  H  E  U  U  N  B  K  M  A  J
O  H  M  U  L  L  U  V  K  J  D  A  R  P
S  I  Z  T  F  D  O  Z  V  K  H  Ğ  A  I
F  B  P  E  Ğ  I  T  I  M  E  I  A  L  N
E  P  K  E  D  V  S  E  B  A  T  R  A  J
R  A  K  I  M  E  U  Y  Y  Z  N  A  N  R
M  E  R  A  K  N  H  A  R  İ  T  A  M  C
N  T  H  H  Z  L  S  D  T  A  S  B  A  H
P  Q  A  T  K  E  I  Y  Ü  R  Ü  Y  Ü  Ş
R  V  R  Z  O  R  L  U  K  L  A  R  Z  T
F  Z  B  H  H  C  H  I  N  E  K  U  U  G
S  G  P  A  V  B  T  H  S  G  D  G  I  M
```

RAKIM	DAR
ATMOSFER	KUVVET
YARALANMA	EĞITIM
HARİTA	ELDIVENLER
KASK	MAĞARA
MERAK	YÜRÜYÜŞ
ZORLUKLAR	SEBAT
UZMAN	

66 - École #2

```
M A T E M A T İ K U E S L E
Y D İ L B İ L G İ S İ J I D
Y A Z I M K Ü T Ü P H A N E
D U F O J V P H L Ö K O K V
E D E B I Y A T E Ğ I T I M
L R R O Y U N L A R T O K T
S Ö Z L Ü K Z M Q E J B Â A
Ö K İ T A P L A R T L Ü Ğ K
U Ğ J Y A F N K V M Ö S I V
H K R F U H E A M E K D T I
R H V E K I U S U N S I E M
T D H Q N K T N J O K D B V
S C Z L A M O K U M A B O U
R K A L E M E B I L I M Y Q
```

ÖĞRENME
KÜTÜPHANE
OTOBÜS
TAKVIM
MAKAS
KALEM
ÖDEV
SÖZLÜK
ÖĞRETMEN
YAZI

EĞITIM
DİLBİLGİSİ
OYUNLAR
OKUMA
EDEBIYAT
KİTAPLAR
MATEMATİK
KÂĞIT
BILIM

67 - Antarctique

```
E  T  V  H  M  İ  N  E  R  A  L  L  E  R
Y  A  R  I  M  A  D  A  R  R  K  Y  B  T
C  J  Z  K  E  S  Ç  B  E  A  J  S  İ  O
V  O  J  G  N  O  E  A  I  Ş  T  T  L  P
E  A  Ğ  D  O  P  V  L  N  T  T  V  I  O
D  M  H  R  Z  S  R  I  K  I  T  A  M  Ğ
H  Z  H  C  A  E  E  N  O  R  U  D  S  R
K  B  G  N  D  F  L  A  R  M  G  A  E  A
O  A  C  Ö  N  E  Y  L  U  A  G  L  L  F
Y  R  Y  Z  Ç  R  K  A  M  C  I  A  I  Y
S  M  K  A  A  Q  H  R  A  İ  G  R  R  A
B  U  Z  U  L  L  A  R  K  D  H  J  U  V
U  L  T  O  S  I  C  A  K  L  I  K  Y  M
Z  V  C  K  U  E  K  U  Ş  L  A  R  İ  O
```

KOY	BUZULLAR
BALINALAR	ADALAR
ARAŞTIRMACI	GÖÇ
KORUMA	MİNERALLER
KITA	KUŞLAR
SU	YARIMADA
ÇEVRE	KAYALIK
SEFER	BİLİMSEL
COĞRAFYA	SICAKLIK
BUZ	TOPOĞRAFYA

68 - Professions #2

```
K M Q B M R G A Z E T E C I
Ü Ü U D İ L B İ L İ M C İ C
T H J C L Z F İ L O Z O F M
Ü E Y S I B İ Y O L O G U L
P N V F O T O Ğ R A F Ç I D
H D A R A Ş T I R M A C I O
A I Ç D B H D Z O O L O G K
N S İ E E A S I P İ L O T T
E D Z Z D U H D Ş T P L U O
R C E R R A H Ç Y Ç L V N R
B Q R E S S A M I G I K G A
M A S T R O N O T V Y H O G
T B Ö Ğ R E T M E N A O G H
D E D E K T İ F R R F N N Z
```

ASTRONOT	MUCIT
KÜTÜPHANE	BAHÇIVAN
BİYOLOG	GAZETECI
ARAŞTIRMACI	DİLBİLİMCİ
CERRAH	DOKTOR
DIŞÇI	RESSAM
DEDEKTİF	FİLOZOF
ÖĞRETMEN	FOTOĞRAFÇI
ÇIZER	PİLOT
MÜHENDIS	ZOOLOG

69 - Les Abeilles

```
O  K  T  U  V  Z  R  A  P  S  V  D  N  Ç
Y  V  T  N  V  Z  R  Q  Y  Ü  G  U  F  E
K  R  A  L  I  Ç  E  F  L  R  E  M  A  Ş
U  B  İ  T  K  İ  L  E  R  Ü  K  A  Y  I
M  E  Y  V  E  O  P  O  L  E  N  N  D  T
Ç  K  T  J  P  Q  V  G  Ü  N  E  Ş  A  L
İ  O  K  O  C  O  M  A  R  M  L  H  L  I
Ç  S  A  C  Z  N  C  K  N  D  H  U  I  L
E  İ  N  B  A  L  M  U  M  U  R  Q  B  I
K  S  A  H  Ö  K  A  B  A  H  Ç  E  A  K
L  T  T  Z  J  C  C  Y  G  I  D  A  L  Y
E  E  L  S  M  G  E  I  I  Ç  İ  Ç  E  K
R  M  A  F  B  G  Q  K  T  C  G  T  K  D
D  M  R  J  J  O  U  S  R  I  I  J  F  V
```

KANATLAR	BÖCEK
FAYDALI	BAHÇE
BALMUMU	BAL
ÇEŞITLILIK	GIDA
SÜRÜ	BİTKİLER
EKOSİSTEM	POLEN
ÇİÇEK	TOZLAYICI
ÇİÇEKLER	KRALIÇE
MEYVE	KOVAN
DUMAN	GÜNEŞ

70 - Dinosaures

```
B  G  N  T  L  K  L  S  A  M  F  I  Y  S
L  Ü  P  F  T  K  K  Ü  Z  V  G  K  Y  D
P  I  Y  E  P  A  A  R  H  C  J  U  T  L
R  O  T  Ü  I  Y  N  Ü  M  B  O  Y  U  T
E  Q  Q  Z  K  B  A  N  P  T  S  K  L  O
H  Q  G  O  Y  O  T  G  A  V  O  Ö  K  P
İ  F  O  S  İ  L  L  E  R  D  M  T  J  R
S  N  V  P  N  M  A  N  D  C  N  Ü  U  A
T  H  E  R  O  A  R  U  V  E  İ  F  T  K
O  Y  J  G  T  E  H  M  Y  V  V  M  F  P
R  I  F  Ü  Ç  U  Z  B  H  R  O  A  B  Q
İ  U  I  Ç  U  Z  V  E  K  I  R  M  S  L
K  F  E  L  L  N  Y  P  U  M  E  U  Z  A
R  M  U  Ü  K  U  Y  R  U  K  Z  T  B  U
```

KANATLAR
KAYBOLMA
DEVASA
EVRIM
FOSİLLER
BÜYÜK
OTÇUL
MAMUT
OMNİVORE

PREHİSTORİK
AV
GÜÇLÜ
KUYRUK
SÜRÜNGEN
BOYUT
TOPRAK
KÖTÜ

71 - Conduite

```
M Y A Y A S U V C S M Z N Y
S O A Q S Q G R P L S V L Y
E L T K A Z A Y J H U O O Q
M T A O I E Z E K M O T O R
N R A R S T Z R F G B A V F
İ A H A R İ T A J C F Ş F R
Y F L L F L K T E H L İ K E
E İ L J J İ Z L A I P M H N
T K O S N S A J E L O A V L
G A R A J A U R M T L C F E
M M H T Ü N E L A T İ I P R
Q Y I J T S Q N I B S L C A
B O Z B D V M E F E A I K K
S N E N P C D J G R R K N U
```

KAZA	MOTOSİKLET
KAMYON	YAYA
YAKIT	POLİS
HARİTA	YOL
TEHLIKE	EMNİYET
FRENLER	TRAFİK
GARAJ	TAŞIMACILIK
GAZ	TÜNEL
LİSANS	HIZ
MOTOR	ARABA

72 - Plantes

```
K  A  P  K  B  E  J  V  B  Y  A  A  O  B
N  A  Ç  I  Ç  E  K  P  J  E  E  T  O  A
L  P  K  A  A  T  J  A  J  Ş  K  Ö  K  M
J  G  A  T  L  Z  U  Ğ  I  İ  C  B  N  B
Q  C  O  R  Ü  I  L  A  O  L  I  O  T  U
B  A  H  Ç  E  S  F  Ç  V  L  Q  T  A  I
Ü  P  B  A  O  D  A  K  C  İ  Y  A  T  G
Y  S  I  S  T  Y  S  F  T  K  O  N  E  T
Ü  Y  O  S  U  N  U  N  L  Q  P  İ  B  D
M  O  G  O  O  B  L  U  L  O  O  K  K  U
E  S  Ü  Y  A  L  Y  Y  A  P  R  A  K  T
K  O  B  S  G  M  E  L  C  J  M  A  P  O
S  A  R  M  A  Ş  I  K  D  O  A  E  P  P
V  D  E  J  J  Z  I  O  A  A  N  R  Q  Z
```

AĞAÇ	ORMAN
DUT	BÜYÜMEK
BAMBU	FASULYE
BOTANİK	OT
ÇALI	BAHÇE
KAKTÜS	SARMAŞIK
GÜBRE	YOSUN
YEŞİLLİK	YAPRAK
ÇİÇEK	KÖK
FLORA	

73 - Ferme #2

```
L A M A R P A Y E D H V O Q
F V M T E O B U Ğ D A Y S D
K Ç E D R Ç Ç G L Y R U U
T O Y F T A R I I E V F L C
Z B V Q A Y K F D Z A Z A K
O A E A M I I T A D N M M O
N N V G N R M Ç Ö C L I A Y
S M U S L M G I D R A S N U
D E B J U S T T K L R I R N
D R B U V O S Ü T T Q R L Q
A K A Z Ö R D E K K U Z U Q
H K H I E B E G Z V C J J J
I P Ç R L N J V Y T D L Q H
R R E F T K K M D C G N L N
```

KUZU	LAMA
ÇIFTÇI	SEBZE
HAYVANLAR	MISIR
ÇOBAN	KOYUN
BUĞDAY	GIDA
ÖRDEK	ARPA
MEYVE	ÇAYIR
AHIR	KOVAN
SULAMA	TRAKTÖR
SÜT	BAHÇE

74 - École #1

```
I  S  I  N  A  V  I  S  U  V  V  K  I  A
Z  K  A  L  E  M  L  E  R  U  Z  L  C  R
O  D  I  Y  Q  D  N  Y  O  Z  K  A  Q  K
C  R  P  C  I  D  M  D  P  Y  A  S  U  A
M  L  U  M  P  L  L  Ö  J  Q  L  Ö  K  D
A  L  F  A  B  E  A  Ğ  C  G  E  R  Z  A
T  K  B  U  L  Ö  Ğ  R  E  N  M  E  K  Ş
E  R  Â  D  V  H  J  E  Ğ  M  A  S  A  L
M  L  Y  Ğ  Z  N  H  T  L  F  E  T  G  A
A  O  J  T  I  I  R  M  E  V  P  J  Y  R
T  S  D  I  N  T  P  E  N  S  I  N  I  F
İ  G  Q  V  M  H  C  N  C  E  V  A  P  R
K  Ü  T  Ü  P  H  A  N  E  Q  K  F  S  F
R  I  P  L  L  Y  F  Y  A  Z  M  A  K  K
```

ALFABE	ÖĞRETMEN
ARKADAŞLAR	SINAV
EĞLENCE	YAZMAK
ÖĞRENMEK	MATEMATİK
KÜTÜPHANE	SAYILAR
MASA	KÂĞIT
KALEM	CEVAP
KALEMLER	SINIF
KLASÖR	

75 - Vacances #2

```
P F O T O Ğ R A F L A R C H
A O Q C J N O G N K R F M A
S E Y A H A T T E Y P R O R
A G Q M Y B A H E Z L M T İ
P F Y V İ Z E A V L A B A T
O T A K S İ L V Q Z J L Ş A
R L B D A Ğ L A R Ç A D I R
T C A E A V U L E S D O M P
K T N N A L H İ S F Y R A R
H C C I B O Ş M T T N F C K
S E I Z Z D H A O R C H I Q
F G D R N M G N R E Y N L K
O K V E P H E I A N M B I B
V N D H F E U D N A N V K J
```

HAVALİMANI	FOTOĞRAFLAR
HARİTA	PLAJ
HEDEF	RESTORAN
YABANCI	TAKSİ
OTEL	ÇADIR
ADA	TREN
BOŞ	TAŞIMACILIK
DENIZ	VİZE
DAĞLAR	SEYAHAT
PASAPORT	

76 - Outils

```
Z  V  C  H  M  I  E  Z  J  N  S  A  D  Y
R  F  K  S  E  N  C  Z  I  F  B  K  B  V
K  G  Y  Z  R  A  P  U  N  M  A  K  A  S
A  A  Q  Z  D  K  Ü  R  E  K  B  S  L  F
B  A  B  K  I  E  T  T  O  A  I  A  T  G
L  D  A  M  V  S  B  E  T  N  Ç  J  A  K
O  O  G  Z  E  Ç  E  K  I  Ç  A  T  T  F
P  A  Z  R  N  Ş  C  E  E  O  K  H  U  J
C  E  T  V  E  L  A  R  A  D  L  K  T  Q
K  C  N  S  I  I  H  L  E  D  V  J  K  I
G  Q  P  S  P  G  Z  E  E  C  R  İ  A  R
V  I  D  A  E  T  Q  K  M  A  Q  L  L  H
U  R  J  A  P  Q  D  D  Z  L  T  E  S  E
U  A  V  U  B  O  R  J  R  D  Y  T  F  Q
```

ZIMBA	ÇEKIÇ
KABLO	KÜREK
MAKAS	PENSE
TUTKAL	JİLET
IP	CETVEL
BIÇAK	TEKERLEK
MERDIVEN	MEŞALE
BALTA	VIDA

77 - Temps

```
J  S  Z  I  H  Z  G  Ö  L  V  V  D  T  F
R  Z  Q  S  G  O  E  Ğ  B  U  G  Ü  N  B
A  Y  F  A  P  G  L  L  Ş  N  Z  B  U  G
S  S  T  B  K  Ü  E  E  H  I  Z  T  G  V
K  J  A  A  Ö  N  C  E  T  F  M  R  R  Q
R  R  K  H  H  G  E  C  E  E  B  D  H  E
Y  N  V  B  J  L  K  U  U  J  A  K  I  K
J  T  I  F  T  C  P  S  A  A  T  H  D  L
H  J  M  J  D  C  I  J  F  Z  K  T  A  S
V  V  E  S  H  A  F  T  A  A  I  E  K  G
I  M  L  T  O  N  Y  I  L  Y  I  L  İ  J
K  C  L  D  Ü  N  Y  Ü  Z  Y  I  L  K  Y
E  Y  I  L  L  K  R  A  M  R  G  F  A  S
Y  A  K  I  N  D  A  A  Y  I  L  L  I  K
```

YIL	DÜN
YILLIK	GÜN
SONRA	ŞIMDI
BUGÜN	SABAH
ÖNCE	ÖĞLE
YAKINDA	DAKİKA
TAKVIM	AY
ON YIL	GECE
GELECEK	HAFTA
SAAT	YÜZYIL

78 - Maison

```
Q O K A P I H D L P F H K Ç
O I Ü İ O L J D F A I V N A
K J T S L S Ü P Ü R G E K T
U D Ü D M İ G A R A J V E I
Q J P T P V M U P E M M C K
B A H Ç E E M U T F A K F A
A N A H T A R L A R D U Ş T
L N N Ş A Y Z D Ç A T I G I
A M E Ö V N Q U E I C E G L
M I F M A A A V R L T P A Y
B U Z İ N Q C A B B E Z U O
A D Y N M M O R C R R R O O
K N F E H H Y S O O D A I E
P E N C E R E G U G U Q L R
```

SÜPÜRGE	ÇATI KATI
KÜTÜPHANE	BAHÇE
ODA	LAMBA
ŞÖMİNE	AYNA
ANAHTARLAR	DUVAR
ÇIT	TAVAN
MUTFAK	KAPI
DUŞ	PERDELER
PENCERE	KİLİM
GARAJ	ÇATI

79 - Légumes

```
K  S  A  L  A  T  A  K  Z  E  Y  T  I  N
Y  A  Q  D  O  M  A  T  E  S  N  U  T  S
K  N  B  V  A  H  Ş  Q  E  R  Q  R  M  Q
I  V  N  A  L  H  A  V  U  Ç  E  P  U  I
S  B  R  O  K  O  L  İ  H  M  S  V  R  H
P  S  Z  E  D  U  G  B  Z  A  A  P  İ  Q
A  A  E  N  P  M  A  E  H  N  R  A  K  Z
N  L  N  G  U  A  M  Z  O  T  I  T  J  O
A  A  C  İ  B  Y  T  E  A  A  M  A  F  F
K  T  E  N  I  D  L  L  M  R  S  T  C  K
H  A  F  A  O  A  O  Y  I  A  A  E  I  F
V  L  I  R  V  N  S  E  T  C  K  S  E  S
Q  I  L  J  S  O  Ğ  A  N  M  A  J  N  L
T  K  U  T  S  Z  K  K  D  R  E  N  E  Y
```

SARIMSAK	ZENCEFIL
ENGİNAR	ŞALGAM
PATLICAN	SOĞAN
BROKOLİ	ZEYTIN
HAVUÇ	PATATES
KEREVİZ	MAYDANOZ
MANTAR	BEZELYE
KABAK	TURP
SALATALIK	SALATA
ISPANAK	DOMATES

80 - Plage

```
S Y V D O E B L M P H Z Q N
A M E Y I C N S A H I L K Ş
N J K L U H U I V G Y Y U E
D R G R K I Q L I Ü Ü E M M
A A M R T E C E K N A N Y S
L Q O N T T N D I E J G A İ
E D K R M K N L V Ş E E V Y
T J Y E E S F V İ H F Ç J E
Y M A Z C S A T H A V L U B
D E N I Z B İ R H N I K M O
I B U K D O K F H N G Z S T
J K S Z A M E B Z M Z I A E
L F Z O Z J T A T I L G D Q
Z S Q B T J S I P T H F A Q
```

BOT
MAVI
SAHIL
YENGEÇ
DOK
ADA
LAGÜN
DENIZ
OKYANUS

ŞEMSİYE
RESİF
KUM
SANDALET
HAVLU
GÜNEŞ
TATIL
YELKENLİ

81 - Vacances #1

```
S  I  R  T  Ç  A  N  T  A  S  I  M  C  D
U  N  K  A  L  K  I  Ş  K  B  T  Ü  B  L
Y  Ç  E  Q  H  O  M  Ş  K  G  U  Z  G  G
P  J  A  J  I  A  J  V  E  Z  R  E  V  Y
S  Z  R  K  K  Z  T  F  S  M  I  Z  N  Z
V  Q  B  C  T  B  İ  L  E  T  S  I  Y  S
G  Ü  Z  E  R  G  A  H  A  H  T  İ  N  K
Ü  P  A  R  A  B  İ  R  İ  M  İ  A  Y  Q
M  I  S  M  M  F  T  L  T  Z  A  R  E  E
R  O  U  Y  V  S  E  F  E  R  H  A  M  H
Ü  T  P  S  A  E  Y  R  I  K  C  B  G  U
K  V  S  P  Y  B  N  N  T  S  H  A  G  L
V  M  C  Y  M  Q  P  E  L  U  Z  B  Ö  Z
B  A  V  U  L  M  T  R  M  H  B  Q  L  P
```

UÇAK	MÜZE
BİLET	ŞEMSİYE
PARA BİRİMİ	RAHATLAMA
KALKIŞ	SIRT ÇANTASI
GÜMRÜK	TURIST
SEFER	TRAMVAY
GÜZERGAH	BAVUL
GÖL	ARABA

82 - Famille

```
K  I  Z  E  V  L  A  T  Y  U  F  N  S  Y
Ç  O  C  U  K  L  U  K  A  B  Q  Q  J  V
R  D  Q  T  M  A  J  K  U  Z  E  N  İ  O
B  A  N  N  E  T  T  A  O  O  M  R  K  G
Ü  N  K  G  J  A  H  D  Y  C  E  F  İ  B
Y  E  Ğ  E  N  Q  J  I  K  J  A  Y  Z  J
Ü  B  Q  R  G  H  Z  N  O  M  E  L  L  L
K  G  A  L  E  R  K  E  K  Y  E  Ğ  E  N
B  Q  C  B  C  Q  T  Ş  P  J  Q  Ç  R  A
A  P  N  K  A  F  O  C  V  B  R  O  T  M
B  I  B  Ü  Y  Ü  K  A  N  N  E  C  E  C
A  E  R  K  E  K  T  O  R  U  N  U  Y  A
K  I  Z  K  A  R  D  E  Ş  G  E  K  Z  J
E  R  K  E  K  K  A  R  D  E  Ş  A  E  O
```

ATA	KOCA
KUZEN	ANNE
ÇOCUKLUK	ERKEK YEĞEN
ÇOCUK	YEĞEN
KADIN EŞ	AMCA
KIZ EVLAT	ERKEK TORUN
ERKEK KARDEŞ	BABA
BÜYÜKANNE	KIZ KARDEŞ
BÜYÜK BABA	TEYZE
İKİZLER	

83 - Oiseaux

```
J  P  R  Z  L  H  P  E  U  H  U  I  M  J
G  E  G  G  Ü  V  E  R  C  İ  N  C  A  J
L  Ü  G  E  I  C  L  E  Y  L  E  K  R  V
Q  J  V  S  O  I  İ  K  A  R  G  A  T  B
P  S  H  E  Ö  U  K  U  Ğ  U  L  Z  I  E
Y  G  R  R  R  T  A  V  U  K  Q  G  D  Q
D  U  Y  Ç  D  C  N  R  K  A  R  T  A  L
E  G  M  E  E  E  İ  P  A  P  A  Ğ  A  N
V  U  O  U  K  N  O  N  E  T  V  S  H  T
E  K  T  I  R  P  I  I  V  C  P  L  E  G
K  V  J  U  S  T  A  V  U  S  Q  A  T  C
U  F  J  Z  K  B  A  L  I  K  Ç  I  L  R
Ş  L  B  C  N  A  T  H  S  C  D  N  E  D
U  M  V  N  Z  I  N  P  E  N  G  U  E  N
```

KARTAL	SERÇE
DEVEKUŞU	MARTI
ÖRDEK	YUMURTA
LEYLEK	KAZ
GÜVERCİN	TAVUS
KARGA	PAPAĞAN
GUGUK	PELİKAN
KUĞU	GÜVERCIN
BALIKÇIL	TAVUK
PENGUEN	TUKAN

84 - Disciplines Scientifiques

```
M  F  İ  Z  Y  O  L  O  J  İ  N  M  J  A
İ  Z  O  O  L  O  J  İ  R  V  Ö  E  E  N
N  A  S  T  R  O  N  O  M  İ  R  T  O  A
E  S  T  Q  P  S  Z  P  K  D  O  E  L  T
R  A  R  K  E  O  L  O  J  İ  L  O  O  O
A  P  N  J  G  S  L  B  C  L  O  R  J  M
L  C  B  H  J  Y  Y  E  A  B  J  O  İ  İ
O  P  S  İ  K  O  L  O  J  İ  İ  L  K  M
J  C  T  P  Y  L  M  A  V  L  H  O  I  E
İ  M  M  Ü  N  O  L  O  J  İ  A  J  M  K
D  K  K  V  Q  J  L  Q  H  M  G  İ  Y  A
K  K  H  T  B  İ  Y  O  K  İ  M  Y  A  N
E  K  O  L  O  J  İ  A  J  U  O  N  Y  İ
D  R  B  K  B  O  T  A  N  İ  K  L  Z  K
```

ANATOMİ	DİLBİLİM
ARKEOLOJİ	MEKANİK
ASTRONOMİ	METEOROLOJİ
BİYOKİMYA	MİNERALOJİ
BİYOLOJİ	NÖROLOJİ
BOTANİK	FİZYOLOJİ
KIMYA	PSİKOLOJİ
EKOLOJİ	SOSYOLOJİ
JEOLOJİ	ZOOLOJİ
İMMÜNOLOJİ	

85 - Émotions

```
B H B S N A A Y S Ü R Y H G
F R A H A T Ş N E Z A K E T
G F R S H K K D V Ü H V Y M
N S I H S F I O İ N A S E I
M J Ş Q G A V N N T T Ü C N
J R I I D R S B Ç Ü L R A N
K O G F J A H İ M G A P N E
Y F S Y Q I E H Y M M R L T
S E M P A T İ U C E A İ I T
R R T Z R G V Z Y M T Z V A
Ö N D I H U S U N N S C K R
I F Y D Y K O R K U Q I C J
S I K I N T I T O N B V S M
F M V E Y U O H C L F I M I
```

AŞK	KORKU
SAKIN	MINNETTAR
ÖFKE	RAHATLAMA
RAHAT	MEMNUN
SIKINTI	SÜRPRİZ
HEYECANLI	SEMPATİ
NEZAKET	HASSASİYET
SEVİNÇ	HUZUR
BARIŞ	ÜZÜNTÜ

86 - Géographie

H	B	T	M	M	N	P	V	G	Ü	P	Q	U	D
R	A	B	M	O	E	R	B	Ö	L	G	E	D	P
L	T	R	V	M	H	R	F	H	K	U	Z	E	Y
N	I	A	İ	V	I	J	İ	K	E	N	T	N	J
Q	R	K	J	T	R	R	V	D	A	Ğ	M	I	L
D	S	I	E	B	A	Z	J	A	Y	D	O	Z	I
B	N	M	E	I	Z	G	M	T	N	E	J	D	H
O	K	Y	A	N	U	S	P	L	T	Y	N	D	L
Y	I	D	J	P	L	Y	V	A	A	D	A	D	S
L	T	B	B	Y	G	E	K	S	D	Ü	N	Y	A
A	A	G	Y	A	R	I	M	K	Ü	R	E	L	F
M	R	D	I	B	E	P	F	Y	A	U	B	N	R
U	Z	T	V	Q	Z	U	O	G	Ü	N	E	Y	B
I	S	V	M	G	K	B	Q	E	B	L	H	Y	C

RAKIM	MERİDYEN
ATLAS	DÜNYA
HARİTA	DAĞ
KITA	KUZEY
NEHIR	OKYANUS
YARIMKÜRE	BATI
ADA	ÜLKE
ENLEM	GÜNEY
BOYLAM	BÖLGE
DENIZ	KENT

87 - Danse

```
O M H P S P K Ü L T Ü R H K
G R F L U R Ü K N M L Y A O
Ö K T Y S O L N F E M Y R R
R Q A A T V T M Ü Z I K E E
S B J E K A Ü A H R C V K O
E C Y I A U R S J Z D D E G
L Ü T U F N E Ş E L I U T R
P Y I D Y G L E Y U K R C A
H G U Y U K B A E O U U V F
R İ T İ M Y N O M L J Ş Ü İ
K L A S İ K G O U L T U C Q
A K A D E M İ U L I I Q U L
G E L E N E K S E L Q O T Q
A R H S A N A T E R I L J Q
```

AKADEMİ
SANAT
KOREOGRAFİ
KLASİK
VÜCUT
KÜLTÜR
KÜLTÜREL
ANLAMLI
DUYGU
LÜTUF

NEŞELI
HAREKET
MÜZIK
ORTAK
DURUŞ
PROVA
RİTİM
GELENEKSEL
GÖRSEL

88 - Bâtiments

```
S  İ  N  E  M  A  P  A  R  T  M  A  N  R
T  V  M  M  U  H  G  A  R  A  J  R  I  A
C  K  Ü  Ü  N  I  V  E  R  S  I  T  E  S
L  G  Z  I  G  R  T  İ  Y  A  T  R  O  A
R  D  E  L  Ç  İ  L  İ  K  A  B  İ  N  T
R  H  S  Ü  P  E  R  M  A  R  K  E  T  H
F  A  K  I  O  B  B  S  L  O  K  U  L  A
O  S  T  U  Y  G  B  U  E  L  A  A  Q  N
I  T  D  A  L  S  T  A  D  Y  U  M  D  E
L  A  E  J  Ç  E  S  U  U  B  L  S  P  H
M  N  Y  L  A  B  O  R  A  T  U  V  A  R
K  E  Y  C  D  F  A  B  R  I  K  A  D  O
H  S  M  F  I  Q  F  Y  T  U  V  C  A  D
P  T  Z  Z  R  K  N  L  G  Q  Q  T  Q  F
```

ELÇİLİK	LABORATUVAR
APARTMAN	MÜZE
KABİN	RASATHANE
KALE	STADYUM
SİNEMA	SÜPERMARKET
OKUL	ÇADIR
GARAJ	TİYATRO
AHIR	KULE
HASTANE	ÜNIVERSITE
OTEL	FABRIKA

89 - Pêche

```
F  F  Z  Q  H  Q  O  S  A  J  H  V  F  A
F  N  O  Q  M  A  K  Z  T  H  L  E  O  B
C  Q  R  O  E  A  Y  E  M  T  B  Q  L  A
L  L  P  B  P  V  A  R  S  F  B  K  C  R
U  O  S  O  L  U  N  G  A  Ç  L  A  R  T
Z  P  Z  T  A  L  U  Z  B  E  G  N  D  I
R  P  D  S  J  Ğ  S  B  I  N  Y  C  O  M
M  H  T  E  L  I  I  H  R  E  Z  A  J  O
I  Z  S  P  N  Q  E  R  U  K  O  S  K  D
J  S  F  E  D  E  C  L  L  V  G  E  C  P
L  U  H  T  Y  L  H  J  V  I  Z  Z  K  J
O  E  F  G  H  A  P  I  N  L  K  O  L  U
G  Ö  L  M  N  H  E  Q  R  I  L  N  T  N
H  B  H  Q  I  L  J  Y  R  N  F  S  I  V
```

YEM	GÖL
BOT	ÇENE
SOLUNGAÇLAR	OKYANUS
KANCA	SEPET
SU	SABIR
ABARTI	PLAJ
TEL	AĞIRLIK
NEHIR	SEZON

90 - Activités et Loisirs

```
Y  M  T  L  Z  M  F  B  A  B  P  B  B  B
B  Ü  T  E  S  B  D  A  L  I  Ş  D  S  A
K  E  R  R  N  N  O  S  A  N  A  T  F  H
I  B  Y  Ü  D  İ  C  K  S  O  P  I  U  Ç
R  K  B  Z  Y  K  S  E  B  A  O  Z  T  I
F  L  N  J  B  Ü  T  T  M  R  D  S  B  V
V  B  J  D  S  O  Ş  B  J  C  Z  V  O  A
S  O  Y  R  C  H  L  O  U  L  G  O  L  N
I  Y  Y  Ü  Z  M  E  L  D  N  O  L  V  L
B  A  L  I  K  Ç  I  L  I  K  L  E  E  I
A  M  D  B  S  S  Ö  R  F  J  F  Y  B  K
R  A  H  A  T  L  A  T  I  C  I  B  O  U
D  B  Q  L  D  R  V  Q  N  M  U  O  K  H
H  O  B  İ  L  E  R  M  L  P  U  L  S  U
```

SANAT	BOYAMA
BEYZBOL	BALIKÇILIK
BASKETBOL	DALIŞ
BOKS	YÜRÜYÜŞ
FUTBOL	RAHATLATICI
GOLF	SÖRF
BAHÇIVANLIK	TENİS
YÜZME	VOLEYBOL
HOBİLER	

91 - Livres

```
A Y T R A J İ K A D S E F K
M D A F M İ K T F E B O P P
I R R Z K O L E K S I Y O N
F M İ Z A H İ F B T Ş A U I
Y V H İ P R Y A R A T I C I
B A Ğ L A M İ O Y N C C I B
O N Y G H A K K A L T C K R
S L B İ L C İ U Z E D E B Î
A A C L J U L Y I K I Q Y U
Y T Ö İ P F İ U L R Z U E S
F I M Y N Y K C I O I L M C
A C K M K A N U A M R C T B
V I V L B Ü F S M A C E R A
K C T A B Y F I D N Q Z L Q
```

YAZAR
MACERA
KOLEKSIYON
BAĞLAM
İKİLİK
YAZILI
DESTAN
ÖYKÜ
TARİH
MİZAHİ

YARATICI
OKUYUCU
EDEBÎ
ANLATICI
SAYFA
İLGİLİ
ŞIIR
ROMAN
DIZI
TRAJİK

92 - Pays #2

```
F  V  U  E  A  R  N  A  V  U  T  L  U  K
C  R  T  G  N  Y  Z  Ç  T  E  S  E  J  E
Q  İ  O  A  A  D  Z  I  D  J  U  U  B  N
K  R  D  L  F  N  O  N  I  V  R  K  P  Y
O  L  C  D  N  Q  D  N  P  O  İ  R  A  A
J  A  P  O  N  Y  A  A  E  R  Y  A  K  D
N  N  D  B  J  S  H  Z  U  Z  E  Y  I  A
A  D  J  R  K  N  F  Z  S  F  Y  N  S  N
T  A  B  O  U  E  K  L  O  H  A  A  T  İ
S  U  D  A  N  S  J  A  M  A  İ  K  A  M
F  R  A  N  S  A  Y  L  A  İ  N  A  N  A
L  Ü  B  N  A  N  B  A  L  T  I  H  Y  R
C  R  V  G  B  D  D  O  İ  İ  V  N  G  K
V  M  H  R  M  E  K  S  İ  K  A  L  B  A
```

ARNAVUTLUK	LAOS
ÇIN	LÜBNAN
DANİMARKA	MEKSİKA
FRANSA	UGANDA
HAİTİ	PAKISTAN
ENDONEZYA	RUSYA
İRLANDA	SOMALİ
JAMAİKA	SUDAN
JAPONYA	SURİYE
KENYA	UKRAYNA

93 - Fournitures d'Art

```
F  L  S  H  K  A  M  E  R  A  S  U  F  Ş
I  M  F  İ  U  A  D  Ü  I  T  B  V  İ  Ö
R  E  N  K  L  R  B  E  R  L  F  J  K  V
Ç  D  C  V  U  G  Y  I  L  E  M  T  İ  A
A  O  N  L  M  S  İ  B  O  Y  K  F  R  L
L  Y  N  K  V  Z  A  E  B  R  Â  K  L  E
A  K  R  İ  L  İ  K  N  J  A  Ğ  T  E  I
R  T  U  T  K  A  L  A  D  A  I  V  R  P
S  U  L  U  B  O  Y  A  S  A  T  Z  D  P
A  H  U  E  T  H  A  B  B  R  L  K  T  A
Z  A  L  K  H  G  Ğ  A  C  C  U  Y  I  S
Y  A  R  A  T  I  C  I  L  I  K  B  E  T
K  A  L  E  M  L  E  R  M  A  S  A  P  E
R  I  R  I  K  I  L  T  O  Y  T  S  A  L
```

AKRİLİK
SULUBOYA
KIL
FIRÇALAR
KAMERA
SANDALYE
ŞÖVALE
TUTKAL
RENK
KALEMLER

YARATICILIK
SU
MÜREKKEP
SİLGİ
YAĞ
FİKİRLER
KÂĞIT
PASTEL
MASA

94 - Jouets

```
K  İ  T  A  P  L  A  R  Q  G  P  P  Q  M
O  C  O  Y  U  N  C  A  K  B  E  B  E  K
Y  U  Y  D  R  K  F  T  L  O  A  Q  M  A
U  U  J  R  O  O  O  D  L  T  A  Y  R  M
N  P  O  Y  N  N  B  U  L  M  A  C  A  Y
L  Q  U  Q  T  B  I  O  M  I  H  B  S  O
A  R  A  B  A  D  S  A  T  R  A  N  Ç  N
R  T  O  I  H  F  I  U  K  P  Y  N  P  U
N  U  R  U  Ç  A  K  Ç  I  N  A  O  F  D
D  Y  S  E  F  V  L  U  L  P  L  U  Z  D
K  A  Q  T  N  O  E  R  I  Z  G  R  D  J
R  Q  V  T  R  R  T  A  V  Ü  A  J  H
H  G  T  U  B  I  M  M  O  Q  C  F  E  V
T  O  P  O  L  H  C  A  Q  J  Ü  H  Z  L
```

KIL	OYUNLAR
UÇAK	KİTAPLAR
TOP	OYUNCAK BEBEK
BOT	BULMACA
KAMYON	ROBOT
UÇURTMA	DAVUL
SATRANÇ	TREN
FAVORI	BISIKLET
HAYAL GÜCÜ	ARABA

95 - Eau

```
E  B  U  H  A  R  S  K  A  H  O  Z  T  Q
N  D  U  Ş  J  M  E  A  P  G  K  C  F  E
F  O  G  Z  Q  B  L  S  Y  B  Y  U  M  J
V  N  E  S  K  R  H  I  H  U  A  K  G  N
D  A  L  G  A  L  A  R  L  H  N  K  Q  N
I  C  V  R  R  U  M  G  N  A  U  C  L  I
L  G  A  Y  Z  E  R  A  E  R  S  U  D  L
C  Ö  S  U  L  A  M  A  H  L  O  V  V  G
G  L  J  P  G  D  D  U  I  A  P  U  G  Y
M  S  Z  N  U  Z  H  E  R  Ş  V  F  V  A
I  U  L  N  L  N  D  H  O  M  Z  P  J  Ğ
R  C  S  P  B  E  E  A  E  A  H  M  O  M
U  N  D  O  G  V  C  M  K  A  N  A  L  U
K  Q  U  H  N  I  D  Y  Q  Y  R  L  F  R
```

KANAL	SULAMA
DUŞ	GÖL
BUHARLAŞMA	MUSON
NEHIR	KAR
DON	OKYANUS
GAYZER	KASIRGA
BUZ	YAĞMUR
NEM	DALGALAR
SEL	BUHAR

96 - Paysages

```
Ç  B  U  Z  D  A  Ğ  I  D  V  A  H  A  G
P  Ö  A  T  Q  B  L  C  K  B  G  V  P  T
K  T  L  T  V  A  D  I  R  K  K  O  G  D
O  D  M  D  A  Q  F  L  A  L  Z  L  P  V
Z  N  A  A  C  K  T  N  A  D  Ş  K  O  U
B  U  Ğ  Ğ  B  T  L  T  E  P  E  A  M  K
P  A  A  R  I  M  B  I  V  T  L  N  J  M
Y  A  R  I  M  A  D  A  K  H  A  L  I  Ç
A  D  A  F  Q  J  G  Ö  L  L  L  I  J  Z
K  N  E  H  I  R  I  L  J  U  E  N  D  Q
I  K  B  U  Z  U  L  H  R  L  E  Q  B  P
G  D  L  O  G  O  H  Q  C  L  D  P  L  K
T  U  N  D  R  A  G  A  Y  Z  E  R  E  K
I  I  J  I  Y  R  Z  D  P  L  A  J  R  Q
```

ŞELALE	GÖL
TEPE	BATAKLIK
ÇÖL	DENIZ
HALIÇ	DAĞ
NEHIR	VAHA
GAYZER	YARIMADA
BUZUL	PLAJ
MAĞARA	TUNDRA
BUZDAĞI	VADI
ADA	VOLKAN

97 - Nombres

```
K Y U S E O O N S E K I Z A
O N Ü Ç L N O N D O K U Z N
Q L E Ç B I R N D O K U Z 2
B E O V E K D D Y A L T I D
H F N O Ş I S T C E L C C O
V Q Z N O N A L T I D I T V
R G K B N V G P B G J I K E
U Y I Q D I G J G G M U E J
I N S S N V S A V Y I B O K
S I F I R Y R Y I L M B N N
J K N V S E K İ Z U O R D Q
E M D O R D Ö R T R D D Ö N
J E N F F İ O M V Y S J R D
L Y N O U P M İ G V Y U T U
```

BEŞ
ONDALIK
ON
ONSEKIZ
ON DOKUZ
ON YEDI
ON IKI
SEKİZ
DOKUZ
ON DÖRT

DÖRT
ON ALTI
YEDİ
ALTI
ON ÜÇ
ÜÇ
BIR
YİRMİ
SIFIR

98 - Nature

```
D  A  Ğ  L  A  R  Y  N  V  D  B  V  J  B
P  E  G  V  E  R  E  E  U  U  U  A  H  A
P  V  K  E  D  A  G  Ç  Ş  H  Z  H  A  R
T  Q  S  U  E  İ  Y  Ö  O  İ  U  Ş  Y  I
R  H  A  Y  V  A  N  L  A  R  L  İ  A  N
O  E  K  H  B  Q  S  A  K  O  I  L  T  A
P  R  İ  G  U  C  İ  Q  M  L  A  V  İ  K
İ  O  N  Ü  L  Z  S  P  A  İ  K  N  Z  K
K  Z  Q  Z  U  H  U  O  U  R  K  R  J  M
A  Y  F  E  T  O  J  R  A  K  O  J  G  L
L  O  C  L  L  J  E  M  L  P  P  T  P  D
N  N  R  L  A  R  L  A  R  U  U  U  D  A
N  E  H  I  R  T  A  N  H  V  G  Q  P  P
F  A  R  K  T  I  K  S  N  V  R  U  I  U
```

ARLAR	ORMAN
HAYVANLAR	BUZUL
ARKTIK	DAĞLAR
GÜZELLIK	BULUTLAR
SİS	HUZURLU
ÇÖL	BARINAK
DİNAMİK	VAHŞİ
EROZYON	SAKİN
YEŞİLLİK	TROPİKAL
NEHIR	HAYATİ

99 - Bateaux

```
D F M H M R Ş M M Q K D D V
D V Ü D A B A P F O U O Q R
E J R N B İ M V Y G T R F O
N E E D V N A P S E A O E K
İ P T A E T N E A L V Y R Y
Z B T K T H D L L G M M İ A
C L E J M R İ H C İ P T B N
İ B B K R V R İ P T J B O U
L Ç A P A G A D İ R E K T S
İ Q T S U N Y E L K E N L İ
K D E N İ Z O N G G L E C D
Y A T T U L L İ U Ö F H G Y
F T G D E N İ Z C İ L İ K J
D A L G A L A R M P C R H L
```

ÇAPA	DENİZCİLİK
ŞAMANDIRA	DİREK
KANO	DENIZ
IP	MOTOR
MÜRETTEBAT	DENİZ
FERİBOT	OKYANUS
NEHIR	SAL
GÖL	DALGALAR
GELGIT	YELKENLİ
DENİZCİ	YAT

100 - Mesures

```
L  C  U  V  R  S  U  O  K  G  H  M  K  K
O  İ  C  L  T  A  Z  N  C  E  A  F  I  İ
V  V  T  L  U  N  U  D  M  N  C  G  T  L
B  Z  O  R  C  T  N  A  Y  I  I  Z  L  O
B  R  N  Y  E  İ  L  L  Y  Ş  M  M  E  M
S  H  C  I  Z  M  U  I  Ü  L  Q  M  H  E
D  E  R  E  C  E  K  K  K  I  E  P  T  T
M  F  L  L  H  T  L  D  S  K  S  S  T  R
N  E  T  R  R  R  T  A  E  M  F  I  Y  E
B  N  T  Z  I  E  Q  K  K  C  G  A  Y  K
A  Ğ  I  R  L  I  K  İ  L  O  G  R  A  M
Y  U  D  G  E  F  J  K  I  N  N  Y  A  R
T  T  K  İ  N  Ç  K  A  K  S  S  K  Z  M
L  E  Y  D  E  R  I  N  L  I  K  Z  V  J
```

SANTİMETRE	KITLE
DERECE	METRE
ONDALIK	DAKİKA
GRAM	BAYT
YÜKSEKLIK	ONS
KİLOGRAM	AĞIRLIK
KİLOMETRE	İNÇ
GENIŞLIK	DERINLIK
LİTRE	TON
UZUNLUK	HACIM

1 - Été

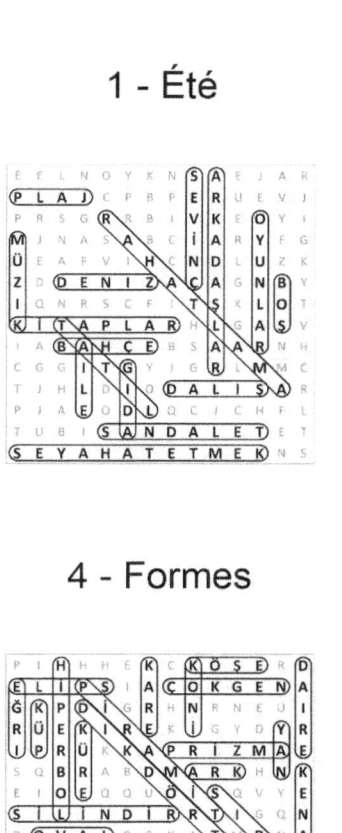

2 - Adjectifs #2

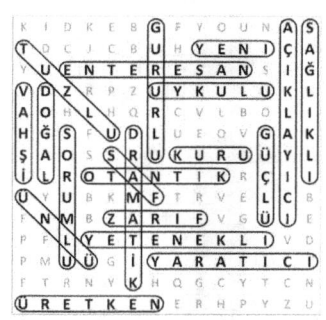

3 - Exploration

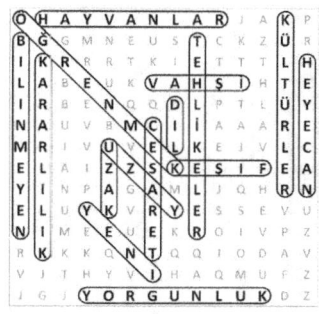

4 - Formes

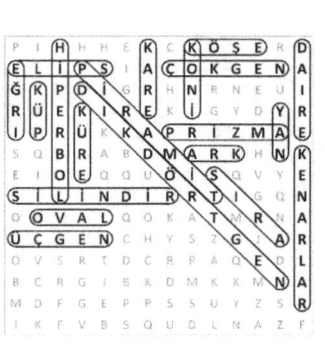

5 - Salle de Bains

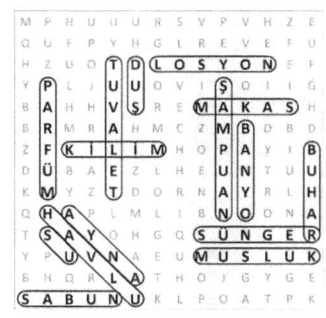

6 - Adjectifs #1

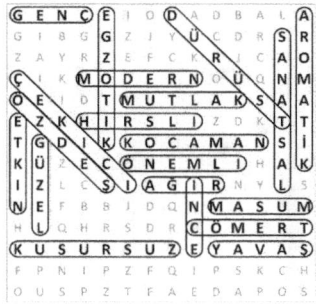

7 - Instruments de Musique

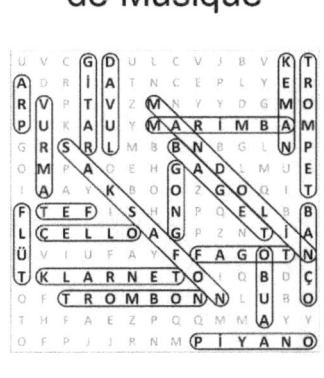

8 - Échecs

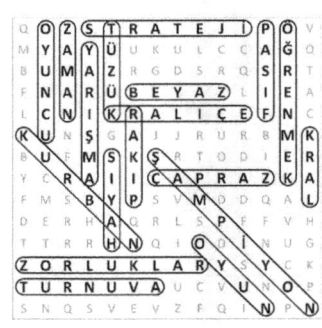

9 - Herboristerie

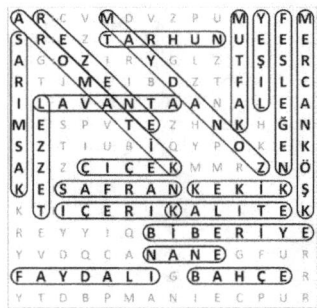

10 - Véhicules

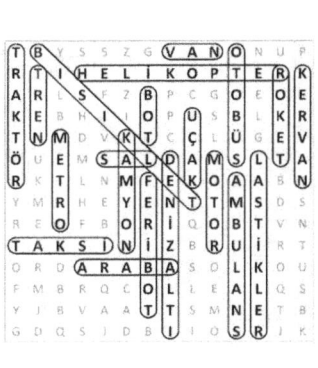

11 - Camping

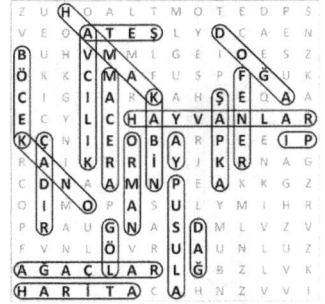

12 - Écologie

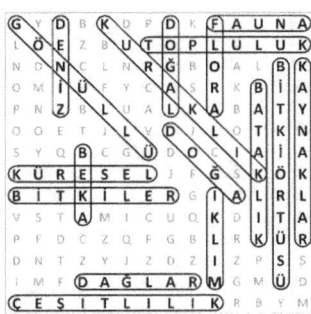

13 - Astronomie

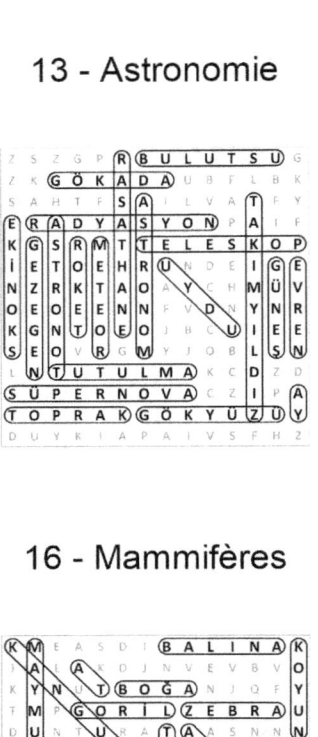

14 - Types de Cheveux

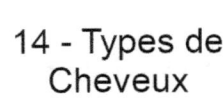
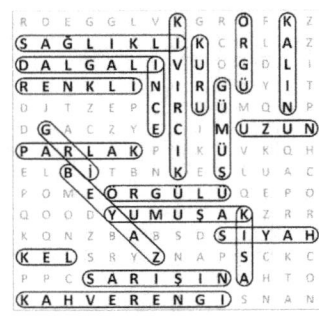

15 - Restaurant #1

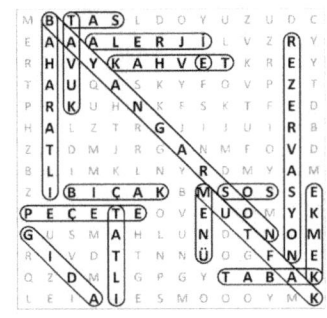

16 - Mammifères

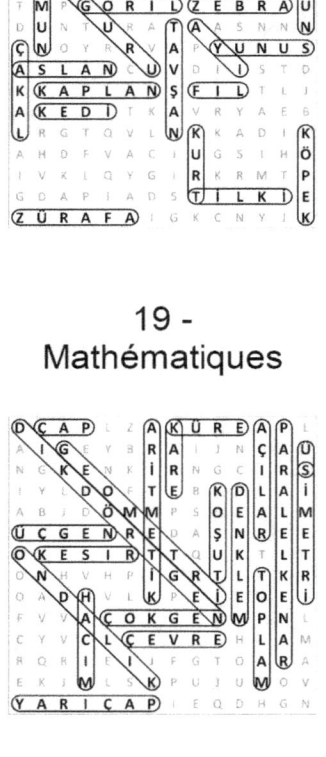

17 - Sports

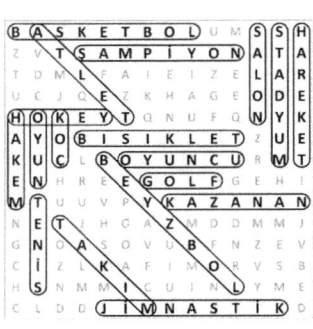

18 - Chocolat

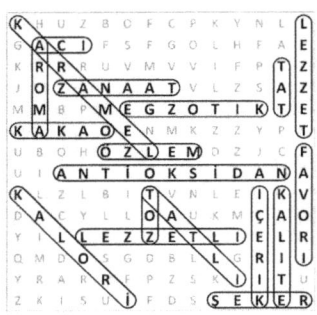

19 - Mathématiques

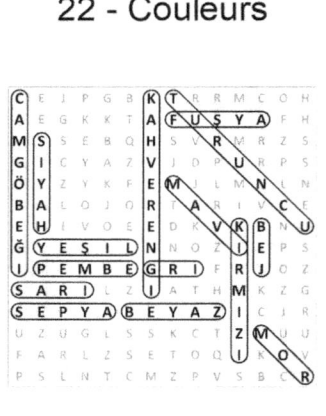

20 - Mythologie

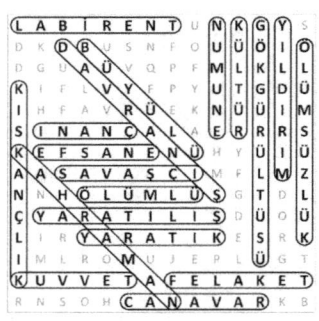

21 - Restaurant #2

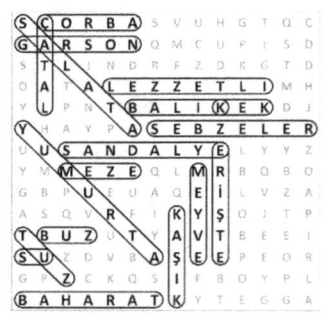

22 - Couleurs

23 - Avions

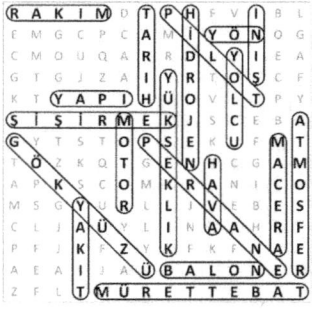

24 - Aventure

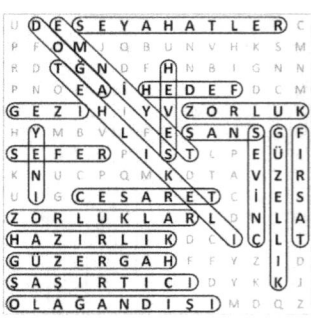

25 - Ville

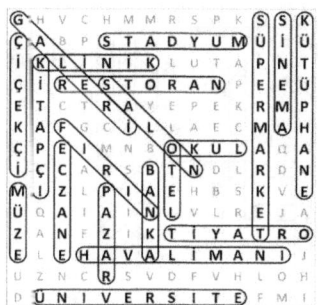

26 - Cuisine

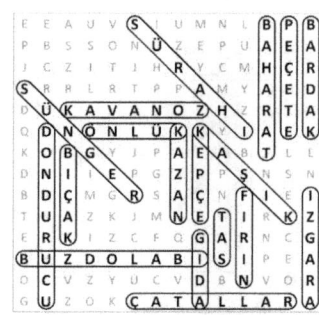

27 - Gentillesse

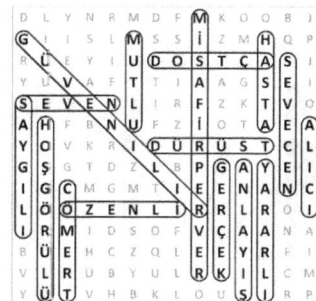

28 - Corps Humain

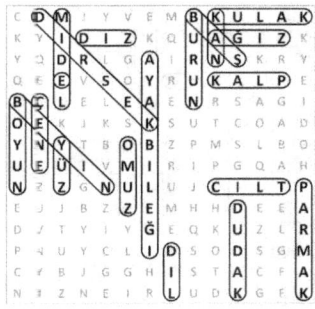

29 - Épices

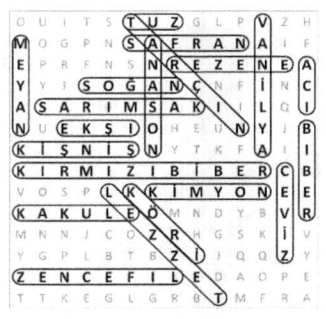

30 - Science

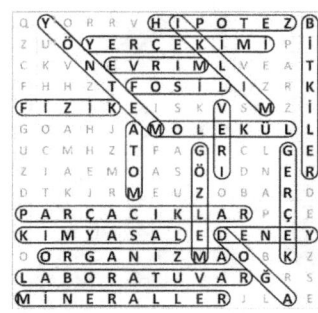

31 - Chats

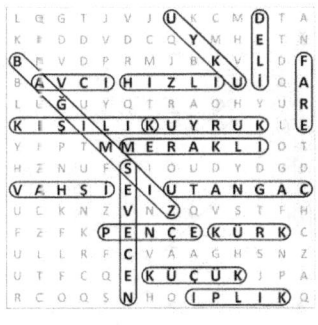

32 - Vêtements

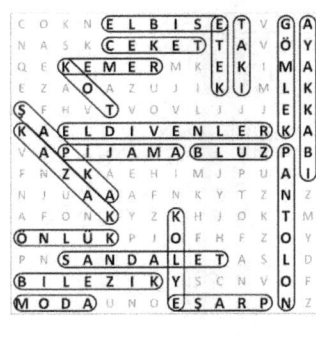

33 - Arts Visuels

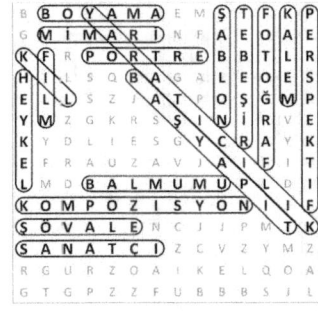

34 - Méditation

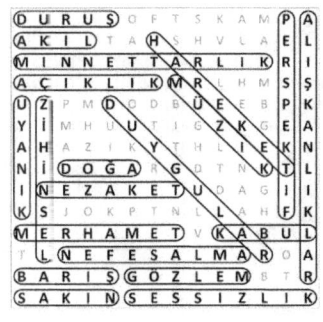

35 - Littérature

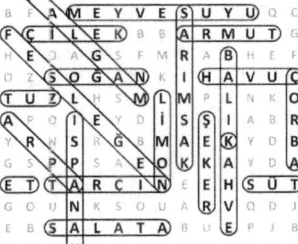

36 - Nourriture #1

37 - Jours et Mois

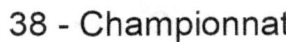
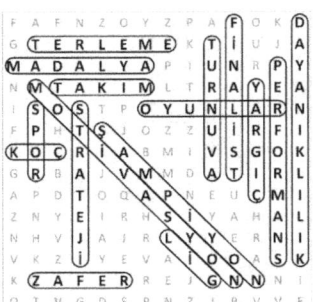

38 - Championnat

39 - Pirates

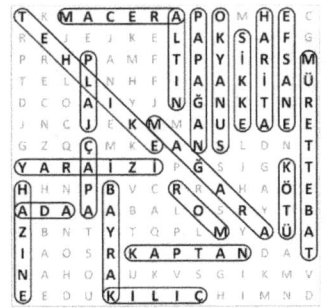

40 - Activités

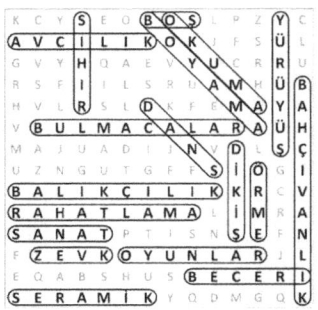

41 - Fleurs

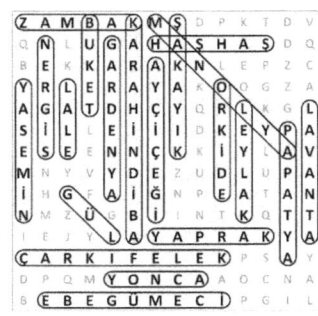

42 - Nourriture #2

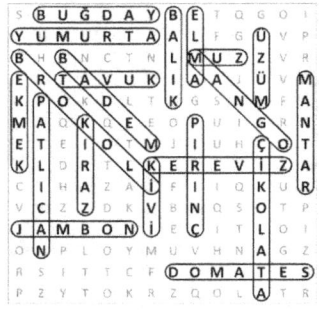

43 - Océan

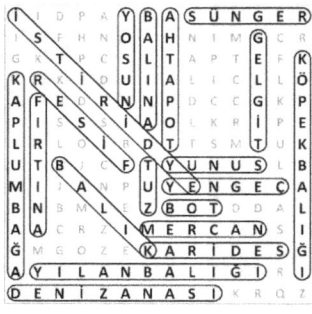

44 - Remplir

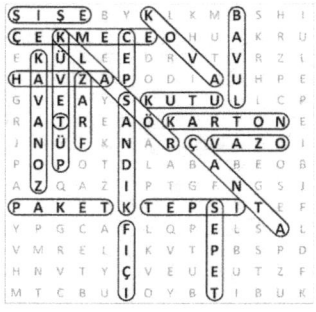

45 - Ballet

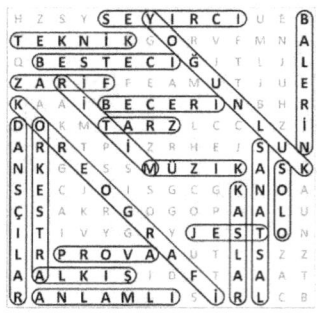

46 - Fruit

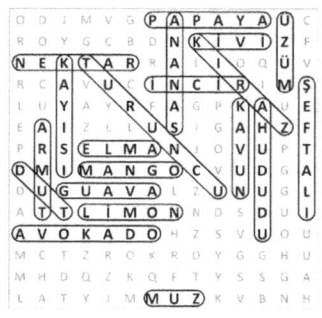

47 - Surf

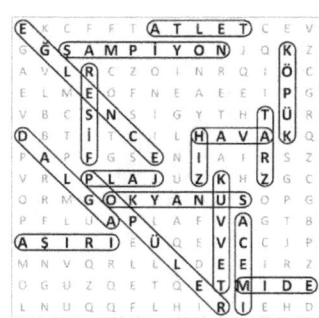

48 - Technologie

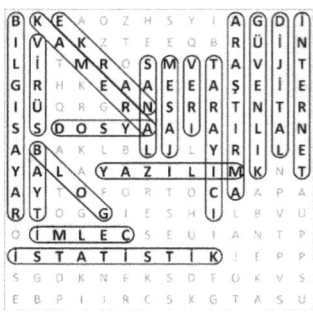

49 - Météo

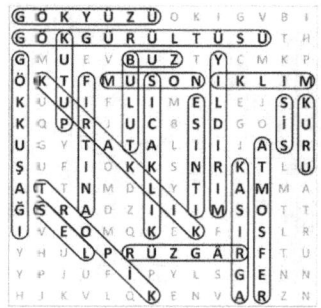

50 - Châteaux

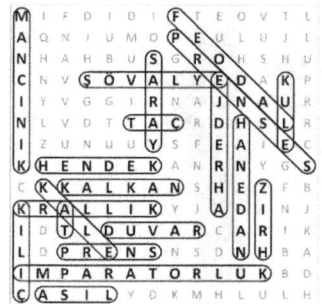

51 - Randonnée

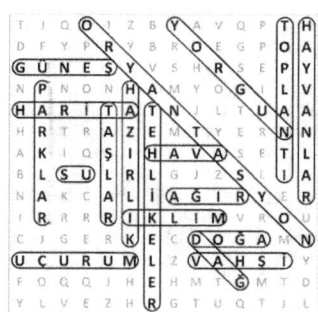

52 - Nutrition

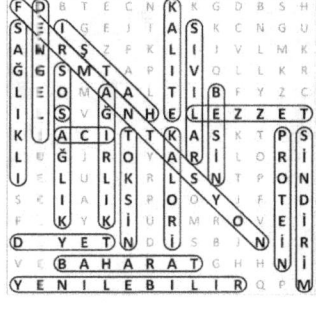

53 - Science Fiction

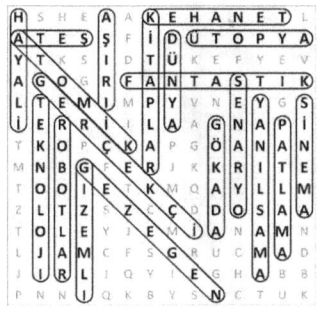

54 - Vertus #1

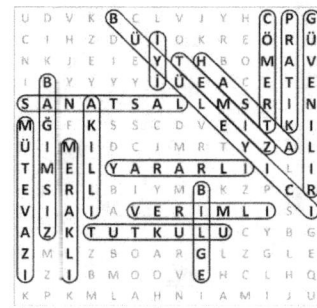

55 - Professions #1

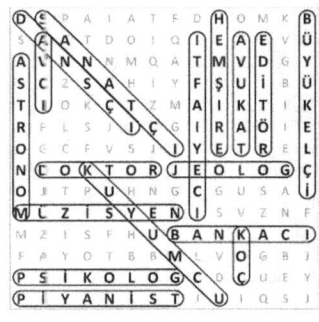

56 - Géologie

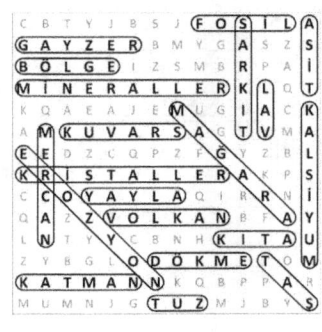

57 - Cirque

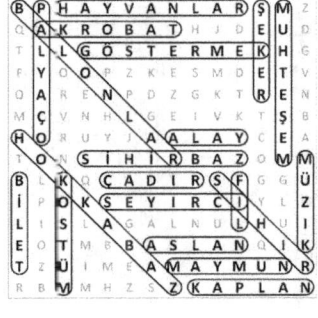

58 - Jardin

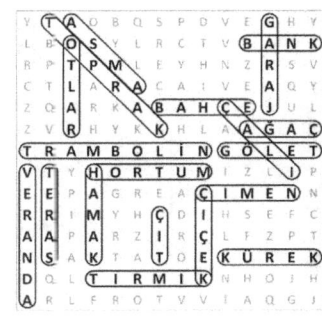

59 - Barbecues

60 - Anniversaire

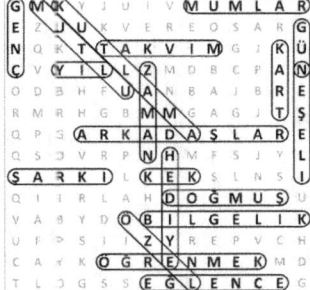

61 - Animaux de Compagnie

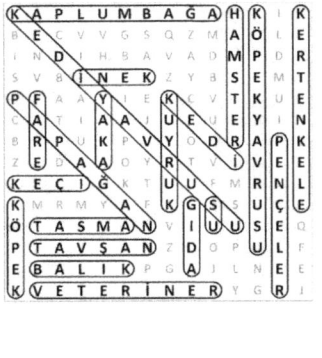

62 - Forêt Tropicale

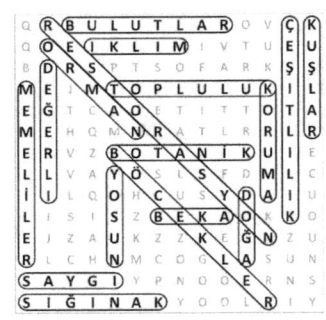

63 - Insectes

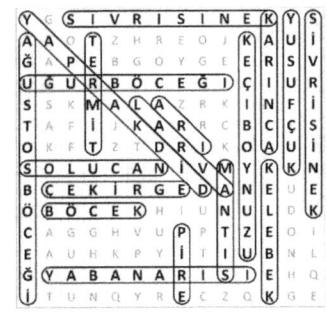

64 - Ferme #1

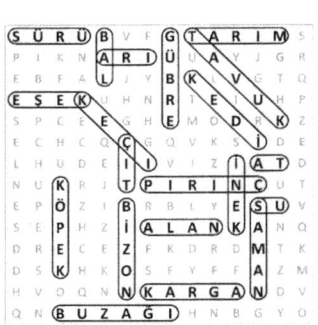

65 - Escalade

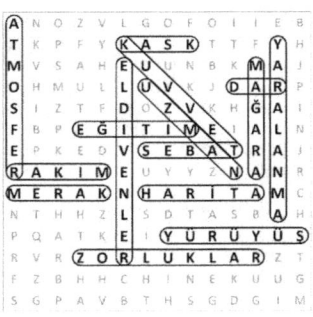

66 - École #2

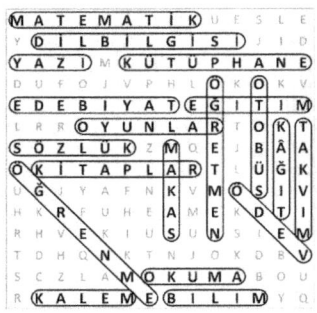

67 - Antarctique

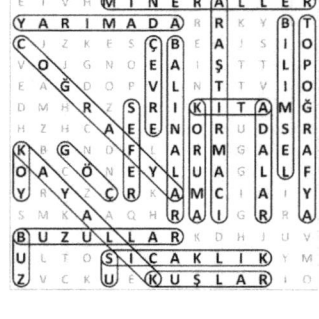

68 - Professions #2

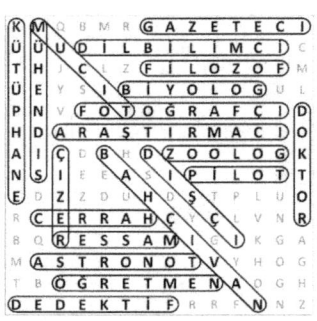

69 - Les Abeilles

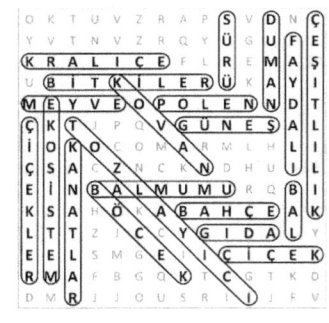

70 - Dinosaures

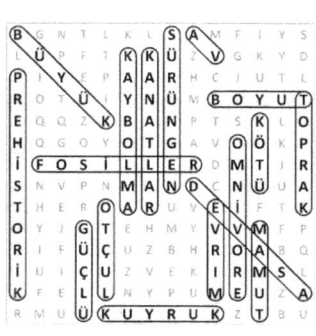

71 - Conduite

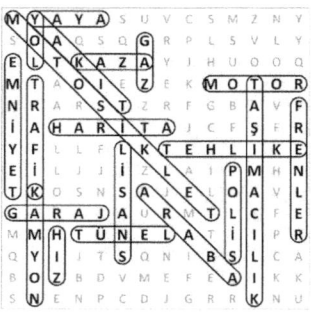

72 - Plantes

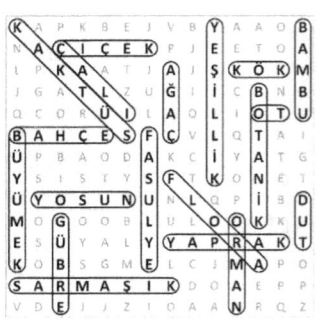

73 - Ferme #2

74 - École #1

75 - Vacances #2

76 - Outils

77 - Temps

78 - Maison

79 - Légumes

80 - Plage

81 - Vacances #1

82 - Famille

83 - Oiseaux

84 - Disciplines Scientifiques

85 - Émotions

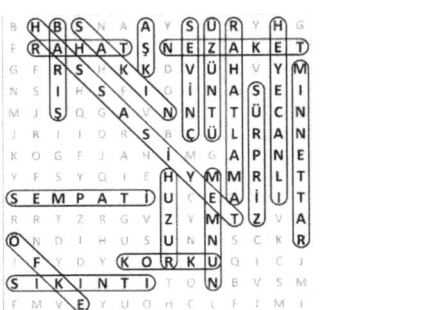

86 - Géographie

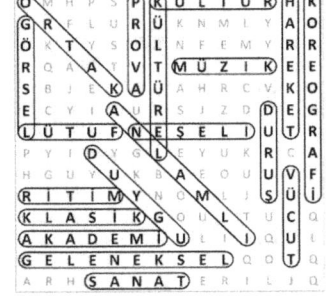

87 - Danse

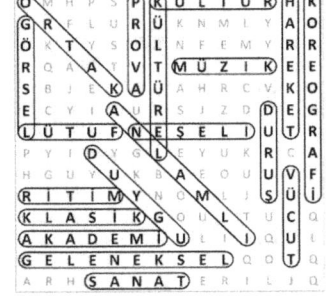

88 - Bâtiments

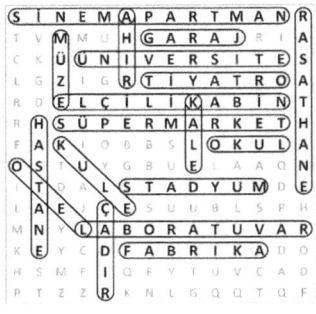

89 - Pêche

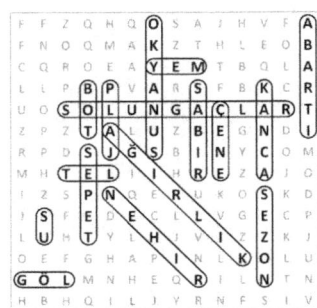

90 - Activités et Loisirs

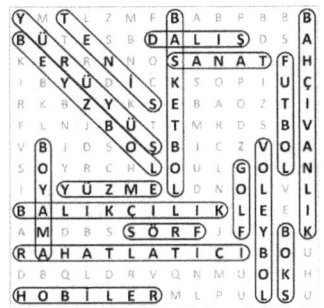

91 - Livres

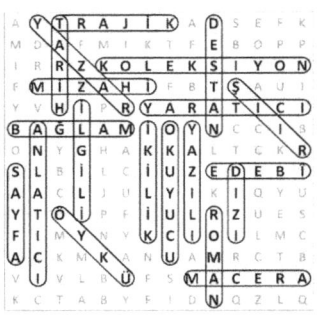

92 - Pays #2

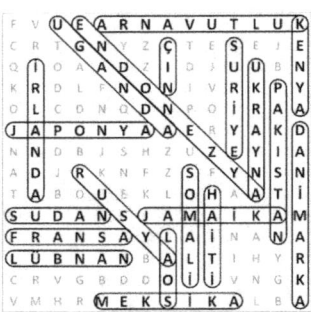

93 - Fournitures d'Art

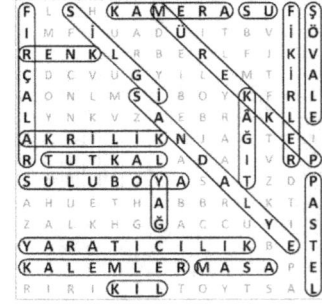

94 - Jouets

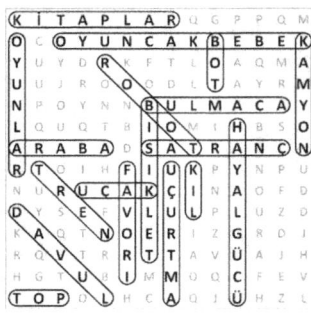

95 - Eau

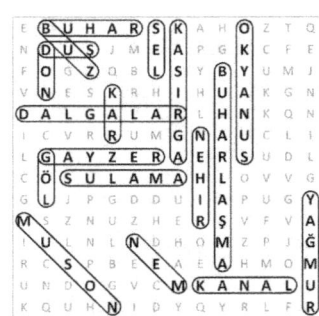

96 - Paysages

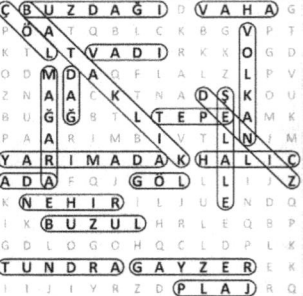

97 - Nombres

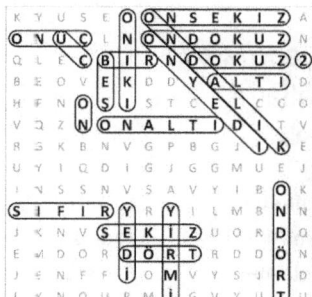

98 - Nature

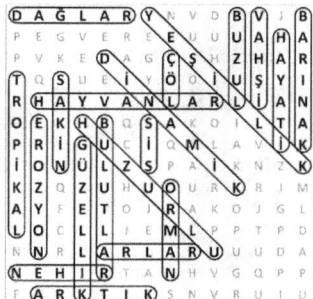

99 - Bateaux

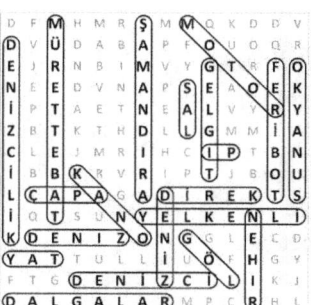

100 - Mesures

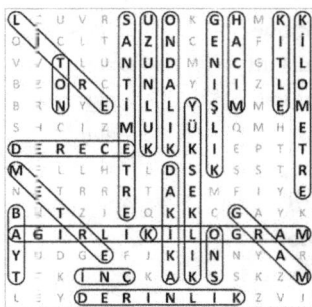

Dictionnaire

Activités
Etkinlikler

Art	Sanat
Céramique	Seramik
Chasse	Avcilik
Compétence	Beceri
Couture	Dikiş
Danse	Dans
Jardinage	Bahçivanlik
Jeux	Oyunlar
Lecture	Okuma
Loisir	Boş
Magie	Sihir
Peinture	Boyama
Pêche	Balikçilik
Photographie	Fotoğrafçilik
Plaisir	Zevk
Puzzles	Bulmacalar
Randonnée	Yürüyüş
Relaxation	Rahatlama
Tricot	Örme

Activités et Loisirs
Aktiviteler ve boş Zaman

Art	Sanat
Base-Ball	Beyzbol
Basket-Ball	Basketbol
Boxe	Boks
Football	Futbol
Golf	Golf
Jardinage	Bahçivanlik
Nager	Yüzme
Passe-Temps	Hobiler
Peinture	Boyama
Pêche	Balikçilik
Plongée	Daliş
Randonnée	Yürüyüş
Relaxant	Rahatlatici
Surf	Sörf
Tennis	Tenis
Volley-Ball	Voleybol
Voyage	Seyahat Etmek

Adjectifs #1
Sıfatlar #1

Absolu	Mutlak
Actif	Etkin
Ambitieux	Hirsli
Aromatique	Aromatik
Artistique	Sanatsal
Attractif	Çekici
Beau	Güzel
Exotique	Egzotik
Énorme	Kocaman
Généreux	Cömert
Honnête	Dürüst
Identique	Özdeş
Important	Önemli
Innocent	Masum
Jeune	Genç
Lent	Yavaş
Lourd	Ağir
Mince	Ince
Moderne	Modern
Parfait	Kusursuz

Adjectifs #2
Sıfatlar #2

Authentique	Otantik
Célèbre	Ünlü
Créatif	Yaratici
Descriptif	Açiklayici
Doué	Yetenekli
Dramatique	Dramatik
Élégant	Zarif
Fier	Gururlu
Fort	Güçlü
Intéressant	Enteresan
Naturel	Doğal
Nouveau	Yeni
Productif	Üretken
Pur	Saf
Responsable	Sorumlu
Sain	Sağlikli
Salé	Tuzlu
Sauvage	Vahşi
Sec	Kuru
Somnolent	Uykulu

Animaux de Compagnie
Evcil Hayvan

Chat	Kedi
Chaton	Kedi Yavrusu
Chèvre	Keçi
Chien	Köpek
Chiot	Köpek Yavrusu
Collier	Yaka
Eau	Su
Griffes	Pençeler
Hamster	Hamster
Laisse	Tasma
Lapin	Tavşan
Lézard	Kertenkele
Nourriture	Gida
Perroquet	Papağan
Poisson	Balik
Queue	Kuyruk
Souris	Fare
Tortue	Kaplumbağa
Vache	İnek
Vétérinaire	Veteriner

Anniversaire
Doğum Günü

Amis	Arkadaşlar
Amusement	Eğlence
Année	Yil
Apprendre	Öğrenmek
Bougies	Mumlar
Cadeau	Hediye
Calendrier	Takvim
Cartes	Kart
Chanson	Şarki
Fête	Kutlama
Gâteau	Kek
Heureux	Mutlu
Jeune	Genç
Jour	Gün
Joyeux	Neşeli
Né	Doğmuş
Sagesse	Bilgelik
Spécial	Özel
Temps	Zaman

Antarctique
Antarktika

Baie	Koy
Baleines	Balinalar
Chercheur	Araştirmaci
Conservation	Koruma
Continent	Kita
Eau	Su
Environnement	Çevre
Expédition	Sefer
Géographie	Coğrafya
Glace	Buz
Glaciers	Buzullar
Îles	Adalar
Migration	Göç
Minéraux	Mineraller
Oiseaux	Kuşlar
Péninsule	Yarimada
Rocheux	Kayalik
Scientifique	Bilimsel
Température	Sicaklik
Topographie	Topoğrafya

Arts Visuels
Görsel Sanatlar

Architecture	Mimari
Argile	Kil
Artiste	Sanatçi
Chef-D'Œuvre	Başyapit
Chevalet	Şövale
Cire	Balmumu
Composition	Kompozisyon
Craie	Tebeşir
Crayon	Kalem
Créativité	Yaraticilik
Film	Film
Peinture	Boyama
Perspective	Perspektif
Photographie	Fotoğraf
Pochoir	Şablon
Portrait	Portre
Sculpture	Heykel

Astronomie
Astronomi

Astronaute	Astronot
Astronome	Astronom
Ciel	Gökyüzü
Constellation	Takimyildiz
Éclipse	Tutulma
Équinoxe	Ekinoks
Fusée	Roket
Galaxie	Gökada
Lune	Ay
Météore	Meteor
Nébuleuse	Bulutsu
Observatoire	Rasathane
Planète	Gezegen
Radiation	Radyasyon
Satellite	Uydu
Solaire	Güneş
Supernova	Süpernova
Terre	Toprak
Télescope	Teleskop
Univers	Evren

Aventure
Macera

Beauté	Güzellik
Bravoure	Cesaret
Chance	Şans
Dangereux	Tehlikeli
Destination	Hedef
Défis	Zorluklar
Difficulte	Zorluk
Enthousiasme	Heves
Excursion	Gezi
Inhabituel	Olağan Dişi
Itinéraire	Güzergah
Joie	Sevinç
Nature	Doğa
Navigation	Sefer
Nouveau	Yeni
Opportunité	Firsat
Préparation	Hazirlik
Sécurité	Emniyet
Surprenant	Şaşirtici
Voyages	Seyahatler

Avions
Uçaklar

Air	Hava
Altitude	Rakim
Atmosphère	Atmosfer
Aventure	Macera
Ballon	Balon
Carburant	Yakit
Ciel	Gökyüzü
Construction	Yapi
Descente	Iniş
Direction	Yön
Équipage	Mürettebat
Gonfler	Şişirmek
Hauteur	Yükseklik
Hélices	Pervane
Histoire	Tarih
Hydrogène	Hidrojen
Moteur	Motor
Passager	Yolcu
Pilote	Pilot
Turbulence	Türbülans

Ballet
Bale

Applaudissement	Alkiş
Artistique	Sanatsal
Ballerine	Balerin
Chorégraphie	Koreografi
Compétence	Beceri
Compositeur	Besteci
Danseurs	Dansçilar
Expressif	Anlamli
Geste	Jest
Gracieux	Zarif
Intensité	Yoğunluk
Muscles	Kaslar
Musique	Müzik
Orchestre	Orkestra
Public	Seyirci
Répétition	Prova
Rythme	Ritim
Solo	Solo
Style	Tarz
Technique	Teknik

Barbecues
Barbeküler

Chaud	Sicak
Couteaux	Biçak
Enfants	Çocuklar
Été	Yaz
Faim	Açlik
Famille	Aile
Fourchettes	Çatallar
Fruit	Meyve
Gril	Izgara
Invitation	Davet
Jeux	Oyunlar
Légumes	Sebzeler
Musique	Müzik
Oignons	Soğan
Poivre	Biber
Poulet	Tavuk
Salades	Salatalar
Sauce	Sos
Sel	Tuz
Tomates	Domatesler

Bateaux
Tekneler

Ancre	Çapa
Bouée	Şamandira
Canoë	Kano
Corde	Ip
Équipage	Mürettebat
Ferry	Feribot
Fleuve	Nehir
Lac	Göl
Marée	Gelgit
Marin	Denizci
Maritime	Denizcilik
Mât	Direk
Mer	Deniz
Moteur	Motor
Nautique	Deniz
Océan	Okyanus
Radeau	Sal
Vagues	Dalgalar
Voilier	Yelkenli
Yacht	Yat

Bâtiments
Site

Ambassade	Elçilik
Appartement	Apartman
Cabine	Kabin
Château	Kale
Cinéma	Sinema
École	Okul
Garage	Garaj
Grange	Ahir
Hôpital	Hastane
Hôtel	Otel
Laboratoire	Laboratuvar
Musée	Müze
Observatoire	Rasathane
Stade	Stadyum
Supermarché	Süpermarket
Tente	Çadir
Théâtre	Tiyatro
Tour	Kule
Université	Üniversite
Usine	Fabrika

Camping
Kamp Yapmak

Animaux	Hayvanlar
Arbres	Ağaçlar
Aventure	Macera
Boussole	Pusula
Cabine	Kabin
Canoë	Kano
Carte	Harita
Chapeau	Şapka
Chasse	Avcilik
Corde	Ip
Feu	Ateş
Forêt	Orman
Hamac	Hamak
Insecte	Böcek
Lac	Göl
Lanterne	Fener
Lune	Ay
Montagne	Dağ
Nature	Doğa
Tente	Çadir

Championnat
Şampiyonluk

Champion	Şampiyon
Endurance	Dayaniklilik
Entraîneur	Koç
Équipe	Takim
Finaliste	Finalist
Jeux	Oyunlar
Juge	Yargiç
Ligue	Lig
Médaille	Madalya
Motivation	Motivasyon
Performance	Performans
Sports	Spor
Stratégie	Strateji
Tournoi	Turnuva
Transpiration	Terleme
Victoire	Zafer

Chats
Kediler

Affectueux	Sevecen
Chasseur	Avci
Curieux	Merakli
Dormir	Uyku
Fil	Iplik
Fou	Deli
Fourrure	Kürk
Indépendant	Bağimsiz
Patte	Pençe
Personnalité	Kişilik
Peu	Küçük
Queue	Kuyruk
Rapide	Hizli
Sauvage	Vahşi
Souris	Fare
Timide	Utangaç

Châteaux
Kaleler

Armure	Zirh
Bouclier	Kalkan
Catapulte	Mancinik
Cheval	At
Chevalier	Şövalye
Couronne	Taç
Dragon	Ejderha
Dynastie	Hanedan
Empire	Imparatorluk
Épée	Kiliç
Féodal	Feodal
Forteresse	Kale
Fossé	Hendek
Mur	Duvar
Noble	Asil
Palais	Saray
Prince	Prens
Princesse	Prenses
Royaume	Krallik
Tour	Kule

Chocolat
Çikolatalı

Amer	Aci
Antioxydant	Antioksidan
Arôme	Aroma
Artisanal	Zanaat
Cacao	Kakao
Calories	Kalori
Caramel	Karamel
Délicieux	Lezzetli
Doux	Tatli
Envie	Özlem
Exotique	Egzotik
Favori	Favori
Goût	Tat
Ingrédient	Içerik
Poudre	Toz
Qualité	Kalite
Saveur	Lezzet
Sucre	Şeker

Cirque
Sirk

Acrobate	Akrobat
Animaux	Hayvanlar
Ballons	Balonlar
Billet	Bilet
Bonbon	Şeker
Clown	Palyaço
Costume	Kostüm
Éléphant	Fil
Jongleur	Hokkabaz
Lion	Aslan
Magicien	Sihirbaz
Magie	Sihir
Montrer	Göstermek
Musique	Müzik
Parade	Alay
Singe	Maymun
Spectaculaire	Muhteşem
Spectateur	Seyirci
Tente	Çadir
Tigre	Kaplan

Conduite
Sürüş

Accident	Kaza
Camion	Kamyon
Carburant	Yakit
Carte	Harita
Danger	Tehlike
Freins	Frenler
Garage	Garaj
Gaz	Gaz
Licence	Lisans
Moteur	Motor
Moto	Motosiklet
Piéton	Yaya
Police	Polis
Route	Yol
Sécurité	Emniyet
Trafic	Trafik
Transport	Taşimacilik
Tunnel	Tünel
Vitesse	Hiz
Voiture	Araba

Corps Humain
İnsan Vücudu

Bouche	Ağiz
Cerveau	Beyin
Cheville	Ayak Bileği
Cou	Boyun
Coude	Dirsek
Cœur	Kalp
Doigt	Parmak
Estomac	Mide
Épaule	Omuz
Genou	Diz
Langue	Dil
Lèvres	Dudak
Main	El
Menton	Çene
Nez	Burun
Oreille	Kulak
Peau	Cilt
Sang	Kan
Tête	Baş
Visage	Yüz

Couleurs
Renk

Beige	Bej
Blanc	Beyaz
Bleu	Mavi
Cyan	Camgöbeği
Fuchsia	Fuşya
Gris	Gri
Jaune	Sari
Marron	Kahverengi
Noir	Siyah
Orange	Turuncu
Rose	Pembe
Rouge	Kirmizi
Sépia	Sepya
Vert	Yeşil
Violet	Mor

Cuisine
Mutfak

Bol	Tas
Bouilloire	Kazan
Congélateur	Dondurucu
Couteaux	Biçak
Cruche	Sürahi
Cuillères	Kaşik
Épices	Baharat
Éponge	Sünger
Four	Firin
Fourchettes	Çatallar
Gril	Izgara
Louche	Kepçe
Nourriture	Gida
Pot	Kavanoz
Réfrigérateur	Buzdolabi
Serviette	Peçete
Tablier	Önlük
Tasses	Bardak

Danse
Dans

Académie	Akademi
Art	Sanat
Chorégraphie	Koreografi
Classique	Klasik
Corps	Vücut
Culture	Kültür
Culturel	Kültürel
Expressif	Anlamli
Émotion	Duygu
Grâce	Lütuf
Joyeux	Neşeli
Mouvement	Hareket
Musique	Müzik
Partenaire	Ortak
Posture	Duruş
Répétition	Prova
Rythme	Ritim
Traditionnel	Geleneksel
Visuel	Görsel

Dinosaures
Dinozorlar

Ailes	Kanatlar
Disparition	Kaybolma
Énorme	Devasa
Évolution	Evrim
Fossiles	Fosiller
Grand	Büyük
Herbivore	Otçul
Mammouth	Mamut
Omnivore	Omnivore
Préhistorique	Prehistorik
Proie	Av
Puissant	Güçlü
Queue	Kuyruk
Reptile	Sürüngen
Taille	Boyut
Terre	Toprak
Vicieux	Kötü

Disciplines Scientifiques
Bilimsel Disiplinler

Anatomie	Anatomi
Archéologie	Arkeoloji
Astronomie	Astronomi
Biochimie	Biyokimya
Biologie	Biyoloji
Botanique	Botanik
Chimie	Kimya
Écologie	Ekoloji
Géologie	Jeoloji
Immunologie	İmmünoloji
Linguistique	Dilbilim
Mécanique	Mekanik
Météorologie	Meteoroloji
Minéralogie	Mineraloji
Neurologie	Nöroloji
Physiologie	Fizyoloji
Psychologie	Psikoloji
Sociologie	Sosyoloji
Thermodynamique	Termodinamik
Zoologie	Zooloji

Eau
Suçlu

Canal	Kanal
Douche	Duş
Évaporation	Buharlaşma
Fleuve	Nehir
Gel	Don
Geyser	Gayzer
Glace	Buz
Humidité	Nem
Inondation	Sel
Irrigation	Sulama
Lac	Göl
Mousson	Muson
Neige	Kar
Océan	Okyanus
Ouragan	Kasirga
Pluie	Yağmur
Vagues	Dalgalar
Vapeur	Buhar

Escalade
Tırmanmak

Altitude	Rakim
Atmosphère	Atmosfer
Blessure	Yaralanma
Carte	Harita
Casque	Kask
Curiosité	Merak
Défis	Zorluklar
Expert	Uzman
Étroit	Dar
Force	Kuvvet
Formation	Eğitim
Gants	Eldivenler
Grotte	Mağara
Randonnée	Yürüyüş
Stabilité	Sebat

Exploration
Keşif

Animaux	Hayvanlar
Apprendre	Öğrenmek
Courage	Cesaret
Cultures	Kültürler
Dangers	Tehlikeler
Découverte	Keşif
Détermination	Kararlilik
Espace	Uzay
Excitation	Heyecan
Épuisement	Yorgunluk
Inconnu	Bilinmeyen
Langue	Dil
Lointain	Uzak
Nouveau	Yeni
Sauvage	Vahşi
Voyage	Seyahat Etmek

Échecs
Satranç

Adversaire	Rakip
Apprendre	Öğrenmek
Blanc	Beyaz
Champion	Şampiyon
Concours	Yarişma
Défis	Zorluklar
Diagonal	Çapraz
Jeu	Oyun
Joueur	Oyuncu
Noir	Siyah
Passif	Pasif
Reine	Kraliçe
Règles	Tüzük
Roi	Kral
Sacrifice	Kurban
Stratégie	Strateji
Temps	Zaman
Tournoi	Turnuva

École #1
Okul #1

Alphabet	Alfabe
Amis	Arkadaşlar
Amusement	Eğlence
Apprendre	Öğrenmek
Bibliothèque	Kütüphane
Bureau	Masa
Chaise	Sandalye
Crayon	Kalem
Des Stylos	Kalemler
Dossiers	Klasör
Enseignant	Öğretmen
Examens	Sinav
Écrire	Yazmak
Livres	Kitaplar
Math	Matematik
Nombres	Sayilar
Papier	Kâğit
Réponses	Cevap
Salle de Classe	Sinif

École #2
Okul #2

Apprentissage	Öğrenme
Bibliothèque	Kütüphane
Bus	Otobüs
Calendrier	Takvim
Ciseaux	Makas
Crayon	Kalem
Devoirs	Ödev
Dictionnaire	Sözlük
Enseignant	Öğretmen
Écriture	Yazi
Éducation	Eğitim
Grammaire	Dilbilgisi
Jeux	Oyunlar
Lecture	Okuma
Littérature	Edebiyat
Livres	Kitaplar
Math	Matematik
Ordinateur	Bilgisayar
Papier	Kâğit
Science	Bilim

Écologie
Ekoloji

Bénévoles	Gönüllü
Climat	Iklim
Communautés	Topluluk
Diversité	Çeşitlilik
Faune	Fauna
Flore	Flora
Global	Küresel
Marais	Bataklik
Marin	Deniz
Montagnes	Dağlar
Nature	Doğa
Naturel	Doğal
Plantes	Bitkiler
Ressources	Kaynaklar
Sécheresse	Kuraklik
Survie	Beka
Végétation	Bitki Örtüsü

Émotions
Duygular

Amour	Aşk
Calme	Sakin
Colère	Öfke
Détendu	Rahat
Ennui	Sikinti
Excité	Heyecanli
Gentillesse	Nezaket
Joie	Sevinç
Paix	Bariş
Peur	Korku
Reconnaissant	Minnettar
Relief	Rahatlama
Satisfait	Memnun
Surprise	Sürpriz
Sympathie	Sempati
Tendresse	Hassasiyet
Tranquillité	Huzur
Tristesse	Üzüntü

Épices
Baharat

Aigre	Ekşi
Ail	Sarimsak
Amer	Aci
Anis	Anason
Cannelle	Tarçin
Cardamome	Kakule
Coriandre	Kişniş
Cumin	Kimyon
Curry	Köri
Fenouil	Rezene
Gingembre	Zencefil
Muscade	Ceviz
Oignon	Soğan
Paprika	Kirmizi Biber
Poivre	Biber
Réglisse	Meyan
Safran	Safran
Saveur	Lezzet
Sel	Tuz
Vanille	Vanilya

Été
Yaz

Amis	Arkadaşlar
Famille	Aile
Jardin	Bahçe
Jeux	Oyunlar
Joie	Sevinç
Livres	Kitaplar
Loisir	Boş
Mer	Deniz
Musique	Müzik
Nourriture	Gida
Plage	Plaj
Plongée	Daliş
Relaxation	Rahatlama
Sandales	Sandalet
Vacances	Tatil
Voyage	Seyahat Etmek

Famille
Aile

Ancêtre	Ata
Cousin	Kuzen
Enfance	Çocukluk
Enfant	Çocuk
Enfants	Çocuklar
Femme	Kadin Eş
Fille	Kiz Evlat
Frère	Erkek Kardeş
Grand-Mère	Büyükanne
Grand-Père	Büyük Baba
Jumeaux	İkizler
Mari	Koca
Mère	Anne
Neveu	Erkek Yeğen
Nièce	Yeğen
Oncle	Amca
Petit-Fils	Erkek Torun
Père	Baba
Soeur	Kiz Kardeş
Tante	Teyze

Ferme #1
Çiftlik #1

Abeille	Ari
Agriculture	Tarim
Âne	Eşek
Bison	Bizon
Champ	Alan
Chat	Kedi
Cheval	At
Chèvre	Keçi
Chien	Köpek
Clôture	Çit
Corbeau	Karga
Eau	Su
Engrais	Gübre
Foin	Saman
Miel	Bal
Poulet	Tavuk
Riz	Pirinç
Troupeau	Sürü
Vache	İnek
Veau	Buzaği

Ferme #2
Çiftlik #2

Agneau	Kuzu
Agriculteur	Çiftçi
Animaux	Hayvanlar
Berger	Çoban
Blé	Buğday
Canard	Ördek
Fruit	Meyve
Grange	Ahir
Irrigation	Sulama
Lait	Süt
Lama	Lama
Légume	Sebze
Maïs	Misir
Mouton	Koyun
Nourriture	Gida
Orge	Arpa
Pré	Çayir
Ruche	Kovan
Tracteur	Traktör
Verger	Bahçe

Fleurs
Çiçekler

Bouquet	Buket
Gardénia	Gardenya
Hibiscus	Ebegümeci
Jasmin	Yasemin
Jonquille	Nergis
Lavande	Lavanta
Lilas	Leylak
Lys	Zambak
Magnolia	Manolya
Marguerite	Papatya
Orchidée	Orkide
Passiflore	Çarkifelek
Pavot	Haşhaş
Pétale	Yaprak
Pissenlit	Karahindiba
Pivoine	Şakayik
Rose	Gül
Tournesol	Ayçiçeği
Trèfle	Yonca
Tulipe	Lale

Forêt Tropicale
Yağmur Ormanları

Botanique	Botanik
Climat	İklim
Communauté	Topluluk
Diversité	Çeşitlilik
Insectes	Böcekler
Jungle	Orman
Mammifères	Memeliler
Mousse	Yosun
Nature	Doğa
Nuage	Bulutlar
Oiseaux	Kuşlar
Précieux	Değerli
Préservation	Koruma
Refuge	Sığınak
Respect	Saygi
Restauration	Restorasyon
Survie	Beka

Formes
Şekilliler

Arc	Ark
Bords	Kenarlar
Carré	Kare
Cercle	Daire
Coin	Köşe
Courbe	Eğri
Cône	Koni
Côté	Yan
Cube	Küp
Cylindre	Silindir
Ellipse	Elips
Hyperbole	Hiperbol
Ligne	Sira
Ovale	Oval
Polygone	Çokgen
Prisme	Prizma
Pyramide	Piramit
Rectangle	Dikdörtgen
Sphère	Küre
Triangle	Üçgen

Fournitures d'Art
Sanat Malzemeleri

Acrylique	Akrilik
Aquarelles	Suluboya
Argile	Kil
Brosses	Firçalar
Caméra	Kamera
Chaise	Sandalye
Chevalet	Şövale
Colle	Tutkal
Couleurs	Renk
Crayons	Kalemler
Créativité	Yaraticilik
Eau	Su
Encre	Mürekkep
Gomme	Silgi
Huile	Yağ
Idées	Fikirler
Papier	Kâğit
Pastels	Pastel
Table	Masa

Fruit
Meyve

Abricot	Kayisi
Ananas	Ananas
Avocat	Avokado
Baie	Dut
Banane	Muz
Cerise	Kiraz
Citron	Limon
Figue	İncir
Framboise	Ahududu
Goyave	Guava
Kiwi	Kivi
Mangue	Mango
Melon	Kavun
Nectarine	Nektar
Orange	Turuncu
Papaye	Papaya
Pêche	Şeftali
Poire	Armut
Pomme	Elma
Raisin	Üzüm

Gentillesse
Nezaket

Affectueux	Sevecen
Aimant	Seven
Amical	Dostça
Attentif	Özenli
Authentique	Gerçek
Compréhension	Anlayiş
Fiable	Güvenilir
Généreux	Cömert
Heureux	Mutlu
Honnête	Dürüst
Hospitalier	Misafirperver
Patient	Hasta
Respectueux	Saygili
Réceptif	Alici
Tolérant	Hoşgörülü
Utile	Yararli

Géographie
Coğrafya

Altitude	Rakim
Atlas	Atlas
Carte	Harita
Continent	Kita
Fleuve	Nehir
Hémisphère	Yarimküre
Île	Ada
Latitude	Enlem
Longitude	Boylam
Mer	Deniz
Méridien	Meridyen
Monde	Dünya
Montagne	Dağ
Nord	Kuzey
Océan	Okyanus
Ouest	Bati
Pays	Ülke
Sud	Güney
Territoire	Bölge
Ville	Kent

Géologie
Jeoloji

Acide	Asit
Calcium	Kalsiyum
Caverne	Mağara
Continent	Kita
Corail	Mercan
Couche	Katman
Cristaux	Kristaller
Érosion	Erozyon
Fondu	Dökme
Fossile	Fosil
Geyser	Gayzer
Lave	Lav
Minéraux	Mineraller
Pierre	Taş
Plateau	Yayla
Quartz	Kuvars
Sel	Tuz
Stalactite	Sarkit
Volcan	Volkan
Zone	Bölge

Herboristerie
Bitkicilik

Ail	Sarimsak
Aromatique	Aromatik
Basilic	Fesleğen
Bénéfique	Faydali
Culinaire	Mutfak
Estragon	Tarhun
Fenouil	Rezene
Fleur	Çiçek
Ingrédient	Içerik
Jardin	Bahçe
Lavande	Lavanta
Marjolaine	Mercanköşk
Menthe	Nane
Persil	Maydanoz
Qualité	Kalite
Romarin	Biberiye
Safran	Safran
Saveur	Lezzet
Thym	Kekik
Vert	Yeşil

Insectes
Böcekler

Abeille	Ari
Cafard	Böcek
Cigale	Ağustosböceği
Coccinelle	Uğur Böceği
Criquet	Keçiboynuzu
Fourmi	Karinca
Guêpe	Yaban Arisi
Larve	Larva
Libellule	Yusufçuk
Mante	Mantis
Moucheron	Sivrisinek
Moustique	Sivrisinek
Papillon	Kelebek
Puce	Pire
Puceron	Yaprakdid
Sauterelle	Çekirge
Termite	Termit
Ver	Solucan

Instruments de Musique
Enstrüman

Banjo	Banço
Basson	Fagot
Clarinette	Klarnet
Flûte	Flüt
Gong	Gong
Guitare	Gitar
Harpe	Arp
Hautbois	Obua
Mandoline	Mandolin
Marimba	Marimba
Percussion	Vurma
Piano	Piyano
Pilons	Baget
Saxophone	Saksafon
Tambour	Davul
Tambourin	Tef
Trombone	Trombon
Trompette	Trompet
Violon	Keman
Violoncelle	Çello

Jardin
Bahçe

Arbre	Ağaç
Banc	Bank
Buisson	Çali
Clôture	Çit
Étang	Gölet
Fleur	Çiçek
Garage	Garaj
Hamac	Hamak
Herbe	Çimen
Jardin	Bahçe
Mauvaises Herbes	Otlar
Pelle	Kürek
Porche	Veranda
Râteau	Tirmik
Sol	Toprak
Terrasse	Teras
Trampoline	Trambolin
Tuyau	Hortum
Vigne	Asma

Jouets
Oyuncaklar

Argile	Kil
Avion	Uçak
Balle	Top
Bateau	Bot
Camion	Kamyon
Cerf-Volant	Uçurtma
Échecs	Satranç
Favori	Favori
Imagination	Hayal Gücü
Jeux	Oyunlar
Livres	Kitaplar
Poupée	Oyuncak Bebek
Puzzle	Bulmaca
Robot	Robot
Tambours	Davul
Train	Tren
Vélo	Bisiklet
Voiture	Araba

Jours et Mois
Günler ve Aylar

Août	Ağustos
Avril	Nisan
Calendrier	Takvim
Dimanche	Pazar
Février	Şubat
Janvier	Ocak
Jeudi	Perşembe
Juillet	Temmuz
Juin	Haziran
Lundi	Pazartesi
Mardi	Sali
Mars	Mart
Mercredi	Çarşamba
Mois	Ay
Novembre	Kasim
Octobre	Ekim
Samedi	Cumartesi
Semaine	Hafta
Septembre	Eylül
Vendredi	Cuma

Les Abeilles
Arılar

Ailes	Kanatlar
Bénéfique	Faydali
Cire	Balmumu
Diversité	Çeşitlilik
Essaim	Sürü
Écosystème	Ekosistem
Fleur	Çiçek
Fleurs	Çiçekler
Fruit	Meyve
Fumée	Duman
Insecte	Böcek
Jardin	Bahçe
Miel	Bal
Nourriture	Gida
Plantes	Bitkiler
Pollen	Polen
Pollinisateur	Tozlayici
Reine	Kraliçe
Ruche	Kovan
Soleil	Güneş

Légumes
Sebzeler

Ail	Sarimsak
Artichaut	Enginar
Aubergine	Patlican
Brocoli	Brokoli
Carotte	Havuç
Céleri	Kereviz
Champignon	Mantar
Citrouille	Kabak
Concombre	Salatalik
Épinard	Ispanak
Gingembre	Zencefil
Navet	Şalgam
Oignon	Soğan
Olive	Zeytin
Patate	Patates
Persil	Maydanoz
Pois	Bezelye
Radis	Turp
Salade	Salata
Tomate	Domates

Littérature
Edebiyat

Analogie	Analoji
Analyse	Analiz
Anecdote	Anekdot
Auteur	Yazar
Biographie	Biyografi
Comparaison	Karşilaştirma
Conclusion	Sonuç
Description	Tanim
Dialogue	Diyalog
Fiction	Kurgu
Métaphore	Mecaz
Narrateur	Anlatici
Poème	Şiir
Poétique	Şiirsel
Rime	Kafiye
Roman	Roman
Rythme	Ritim
Style	Tarz
Thème	Tema
Tragédie	Trajedi

Livres
Kitaplar

Auteur	Yazar
Aventure	Macera
Collection	Koleksiyon
Contexte	Bağlam
Dualité	İkilik
Écrit	Yazili
Épique	Destan
Histoire	Öykü
Historique	Tarih
Humoristique	Mizahi
Inventif	Yaratici
Lecteur	Okuyucu
Littéraire	Edebî
Narrateur	Anlatici
Page	Sayfa
Pertinent	İlgili
Poésie	Şiir
Roman	Roman
Série	Dizi
Tragique	Trajik

Maison
Ev

Balai	Süpürge
Bibliothèque	Kütüphane
Chambre	Oda
Cheminée	Şömine
Clés	Anahtarlar
Clôture	Çit
Cuisine	Mutfak
Douche	Duş
Fenêtre	Pencere
Garage	Garaj
Grenier	Çati Kati
Jardin	Bahçe
Lampe	Lamba
Miroir	Ayna
Mur	Duvar
Plafond	Tavan
Porte	Kapi
Rideaux	Perdeler
Tapis	Kilim
Toit	Çati

Mammifères
Memeliler

Baleine	Balina
Chat	Kedi
Cheval	At
Chien	Köpek
Coyote	Çakal
Dauphin	Yunus
Éléphant	Fil
Girafe	Zürafa
Gorille	Goril
Kangourou	Kanguru
Lapin	Tavşan
Lion	Aslan
Loup	Kurt
Mouton	Koyun
Ours	Ayi
Renard	Tilki
Singe	Maymun
Taureau	Boğa
Tigre	Kaplan
Zèbre	Zebra

Mathématiques
Matematik

Angles	Açilar
Arithmétique	Aritmetik
Carré	Kare
Décimal	Ondalik
Diamètre	Çap
Exposant	Üs
Équation	Denklem
Fraction	Kesir
Géométrie	Geometri
Parallèle	Koşut
Parallélogramme	Paralelkenar
Périmètre	Çevre
Polygone	Çokgen
Rayon	Yariçap
Rectangle	Dikdörtgen
Somme	Toplam
Sphère	Küre
Symétrie	Simetri
Triangle	Üçgen
Volume	Hacim

Mesures
Ölçümler

Centimètre	Santimetre
Degré	Derece
Décimal	Ondalik
Gramme	Gram
Hauteur	Yükseklik
Kilogramme	Kilogram
Kilomètre	Kilometre
Largeur	Genişlik
Litre	Litre
Longueur	Uzunluk
Masse	Kitle
Mètre	Metre
Minute	Dakika
Octet	Bayt
Once	Ons
Poids	Ağirlik
Pouce	İnç
Profondeur	Derinlik
Tonne	Ton
Volume	Hacim

Méditation
Meditasyon

Acceptation	Kabul
Calme	Sakin
Clarté	Açiklik
Compassion	Merhamet
Esprit	Akil
Émotions	Duygular
Éveillé	Uyanik
Gentillesse	Nezaket
Gratitude	Minnettarlik
Habitudes	Alişkanliklar
Mental	Zihinsel
Mouvement	Hareket
Musique	Müzik
Nature	Doğa
Observation	Gözlem
Paix	Bariş
Perspective	Perspektif
Posture	Duruş
Respiration	Nefes Alma
Silence	Sessizlik

Météo
Hava

Arc-En-Ciel	Gökkuşaği
Atmosphère	Atmosfer
Brise	Esinti
Brouillard	Sis
Ciel	Gökyüzü
Climat	Iklim
Éclair	Yildirim
Glace	Buz
Inondation	Sel
Mousson	Muson
Nuage	Bulut
Polaire	Kutup
Sec	Kuru
Sécheresse	Kuraklik
Température	Sicaklik
Tempête	Firtina
Tonnerre	Gök Gürültüsü
Tornade	Kasirga
Tropical	Tropik
Vent	Rüzgâr

Mythologie
Mitoloji

Archétype	Numune
Catastrophe	Felaket
Comportement	Davraniş
Création	Yaratiliş
Créature	Yaratik
Croyances	Inanç
Culture	Kültür
Éclair	Yildirim
Force	Kuvvet
Guerrier	Savaşçi
Héros	Kahraman
Immortalité	Ölümsüzlük
Jalousie	Kiskançlik
Labyrinthe	Labirent
Légende	Efsane
Magique	Büyülü
Monstre	Canavar
Mortel	Ölümlü
Tonnerre	Gök Gürültüsü
Vengeance	Intikam

Nature
Doğa

Abeilles	Arlar
Animaux	Hayvanlar
Arctique	Arktik
Beauté	Güzellik
Brouillard	Sis
Désert	Çöl
Dynamique	Dinamik
Érosion	Erozyon
Feuillage	Yeşillik
Fleuve	Nehir
Forêt	Orman
Glacier	Buzul
Montagnes	Dağlar
Nuage	Bulutlar
Paisible	Huzurlu
Sanctuaire	Barinak
Sauvage	Vahşi
Serein	Sakin
Tropical	Tropikal
Vital	Hayati

Nombres
Şiir

Cinq	Beş
Deux	2
Décimal	Ondalik
Dix	On
Dix-Huit	Onsekiz
Dix-Neuf	On Dokuz
Dix-Sept	On Yedi
Douze	On Iki
Huit	Sekiz
Neuf	Dokuz
Quatorze	On Dört
Quatre	Dört
Seize	On Alti
Sept	Yedi
Six	Alti
Treize	On Üç
Trois	Üç
Un	Bir
Vingt	Yirmi
Zéro	Sifir

Nourriture #1
Yemek #1

Ail	Sarimsak
Basilic	Fesleğen
Café	Kahve
Cannelle	Tarçin
Carotte	Havuç
Citron	Limon
Épinard	Ispanak
Fraise	Çilek
Jus	Meyve Suyu
Lait	Süt
Navet	Şalgam
Oignon	Soğan
Orge	Arpa
Poire	Armut
Salade	Salata
Sel	Tuz
Soupe	Çorba
Sucre	Şeker
Thon	Balik
Viande	Et

Nourriture #2
Yemek #2

Amande	Badem
Aubergine	Patlican
Banane	Muz
Blé	Buğday
Brocoli	Brokoli
Cerise	Kiraz
Céleri	Kereviz
Champignon	Mantar
Chocolat	Çikolata
Jambon	Jambon
Kiwi	Kivi
Mangue	Mango
Oeuf	Yumurta
Pain	Ekmek
Poisson	Balik
Pomme	Elma
Poulet	Tavuk
Raisin	Üzüm
Riz	Pirinç
Tomate	Domates

Nutrition
Beslenme

Amer	Aci
Appétit	Iştah
Calories	Kalori
Comestible	Yenilebilir
Diète	Diyet
Digestion	Sindirim
Épices	Baharat
Équilibré	Dengeli
Fermentation	Fermantasyon
Liquides	Sivilar
Nutritif	Besin
Poids	Ağirlik
Protéines	Protein
Qualité	Kalite
Sain	Sağlikli
Santé	Sağlik
Sauce	Sos
Saveur	Lezzet
Toxine	Toksin
Vitamine	Vitamini

Océan
Okyanus

Algue	Yosun
Anguille	Yilan Baliği
Baleine	Balina
Bateau	Bot
Corail	Mercan
Crabe	Yengeç
Crevette	Karides
Dauphin	Yunus
Éponge	Sünger
Huître	İstiridye
Marées	Gelgit
Méduse	Denizanasi
Poisson	Balik
Poulpe	Ahtapot
Requin	Köpekbaliği
Récif	Resif
Sel	Tuz
Tempête	Firtina
Tortue	Kaplumbağa
Vagues	Dalgalar

Oiseaux
Kuşlar

Aigle	Kartal
Autruche	Devekuşu
Canard	Ördek
Cigogne	Leylek
Colombe	Güvercin
Corbeau	Karga
Coucou	Guguk
Cygne	Kuğu
Héron	Balikçil
Manchot	Penguen
Moineau	Serçe
Mouette	Marti
Oeuf	Yumurta
Oie	Kaz
Paon	Tavus
Perroquet	Papağan
Pélican	Pelikan
Pigeon	Güvercin
Poulet	Tavuk
Toucan	Tukan

Outils
Araçlar

Agrafeuse	Zimba
Câble	Kablo
Ciseaux	Makas
Colle	Tutkal
Corde	Ip
Couteau	Biçak
Échelle	Merdiven
Hache	Balta
Marteau	Çekiç
Pelle	Kürek
Pinces	Pense
Rasoir	Jilet
Règle	Cetvel
Roue	Tekerlek
Torche	Meşale
Vis	Vida

Pays #2
Ülkeler #2

Albanie	Arnavutluk
Chine	Çin
Danemark	Danimarka
France	Fransa
Haïti	Haiti
Indonésie	Endonezya
Irlande	İrlanda
Jamaïque	Jamaika
Japon	Japonya
Kenya	Kenya
Laos	Laos
Liban	Lübnan
Mexique	Meksika
Ouganda	Uganda
Pakistan	Pakistan
Russie	Rusya
Somalie	Somali
Soudan	Sudan
Syrie	Suriye
Ukraine	Ukrayna

Paysages
Manzaralar

Cascade	Şelale
Colline	Tepe
Désert	Çöl
Estuaire	Haliç
Fleuve	Nehir
Geyser	Gayzer
Glacier	Buzul
Grotte	Mağara
Iceberg	Buzdaği
Île	Ada
Lac	Göl
Marais	Bataklik
Mer	Deniz
Montagne	Dağ
Oasis	Vaha
Péninsule	Yarimada
Plage	Plaj
Toundra	Tundra
Vallée	Vadi
Volcan	Volkan

Pêche
Balık Tutma

Appât	Yem
Bateau	Bot
Branchies	Solungaçlar
Crochet	Kanca
Eau	Su
Exagération	Abarti
Fil	Tel
Fleuve	Nehir
Lac	Göl
Mâchoire	Çene
Océan	Okyanus
Panier	Sepet
Patience	Sabir
Plage	Plaj
Poids	Ağirlik
Saison	Sezon

Pirates
Korsanlar

Ancre	Çapa
Aventure	Macera
Capitaine	Kaptan
Carte	Harita
Cicatrice	Yara İzi
Danger	Tehlike
Drapeau	Bayrak
Épée	Kiliç
Équipage	Mürettebat
Grotte	Mağara
Île	Ada
Légende	Efsane
Mauvais	Kötü
Océan	Okyanus
Or	Altin
Perroquet	Papağan
Pièces	Sikke
Plage	Plaj
Rhum	Rom
Trésor	Hazine

Plage
Plaj

Bateau	Bot
Bleu	Mavi
Côte	Sahil
Crabe	Yengeç
Dock	Dok
Île	Ada
Lagune	Lagün
Mer	Deniz
Océan	Okyanus
Parapluie	Şemsiye
Récif	Resif
Sable	Kum
Sandales	Sandalet
Serviette	Havlu
Soleil	Güneş
Vacances	Tatil
Voilier	Yelkenli

Plantes
Bitkiler

Arbre	Ağaç
Baie	Dut
Bambou	Bambu
Botanique	Botanik
Buisson	Çali
Cactus	Kaktüs
Engrais	Gübre
Feuillage	Yeşillik
Fleur	Çiçek
Flore	Flora
Forêt	Orman
Grandir	Büyümek
Haricot	Fasulye
Herbe	Ot
Jardin	Bahçe
Lierre	Sarmaşik
Mousse	Yosun
Pétale	Yaprak
Racine	Kök
Végétation	Bitki Örtüsü

Professions #1
Meslekler #1

Ambassadeur	Büyükelçi
Artiste	Sanatçi
Astronome	Astronom
Avocat	Avukat
Banquier	Bankaci
Bijoutier	Kuyumcu
Cartographe	Haritaci
Chasseur	Avci
Danseur	Dansçi
Entraîneur	Koç
Éditeur	Editör
Géologue	Jeolog
Infirmière	Hemşire
Médecin	Doktor
Musicien	Müzisyen
Pianiste	Piyanist
Plombier	Tesisatçi
Pompier	Itfaiyeci
Psychologue	Psikolog
Vétérinaire	Veteriner

Professions #2
Meslekler #2

Astronaute	Astronot
Bibliothécaire	Kütüphane
Biologiste	Biyolog
Chercheur	Araştirmaci
Chirurgien	Cerrah
Dentiste	Dişçi
Détective	Dedektif
Enseignant	Öğretmen
Illustrateur	Çizer
Ingénieur	Mühendis
Inventeur	Mucit
Jardinier	Bahçivan
Journaliste	Gazeteci
Linguiste	Dilbilimci
Médecin	Doktor
Peintre	Ressam
Philosophe	Filozof
Photographe	Fotoğrafçi
Pilote	Pilot
Zoologiste	Zoolog

Randonnée
Yürüyüş

Animaux	Hayvanlar
Carte	Harita
Climat	Iklim
Dangers	Tehlikeler
Eau	Su
Falaise	Uçurum
Fatigué	Yorgun
Lourd	Ağir
Météo	Hava
Montagne	Dağ
Nature	Doğa
Orientation	Oryantasyon
Parcs	Parklar
Pierres	Taşlar
Préparation	Hazirlik
Sauvage	Vahşi
Soleil	Güneş
Sommet	Toplanti

Remplir
Doldurmak

Baignoire	Küvet
Baril	Fiçi
Bassin	Havza
Boîte	Kutu
Bouteille	Şişe
Caisse	Sandik
Carton	Karton
Dossier	Klasör
Enveloppe	Zarf
Panier	Sepet
Paquet	Paket
Plateau	Tepsi
Poche	Cep
Pot	Kavanoz
Sac	Çanta
Seau	Kova
Tiroir	Çekmece
Tube	Tüp
Valise	Bavul
Vase	Vazo

Restaurant #1
1 Numaralı Restoran

Allergie	Alerji
Assiette	Tabak
Bol	Tas
Café	Kahve
Couteau	Biçak
Cuisine	Mutfak
Dessert	Tatli
Épicé	Baharatli
Menu	Menü
Nourriture	Gida
Pain	Ekmek
Poulet	Tavuk
Réservation	Rezervasyon
Sauce	Sos
Serveuse	Bayan Garson
Serviette	Peçete
Viande	Et

Restaurant #2
Restoran #2

Apéritif	Meze
Chaise	Sandalye
Cuillère	Kaşik
Délicieux	Lezzetli
Eau	Su
Épices	Baharat
Fourchette	Çatal
Fruit	Meyve
Gâteau	Kek
Glace	Buz
Légumes	Sebzeler
Nouilles	Erişte
Oeuf	Yumurta
Poisson	Balik
Salade	Salata
Sel	Tuz
Serveur	Garson
Soupe	Çorba

Salle de Bains
Banyo

Bain	Banyo
Ciseaux	Makas
Douche	Duş
Eau	Su
Éponge	Sünger
Lotion	Losyon
Miroir	Ayna
Parfum	Parfüm
Robinet	Musluk
Savon	Sabun
Serviette	Havlu
Shampooing	Şampuan
Tapis	Kilim
Toilette	Tuvalet
Vapeur	Buhar

Science
Bilim

Atome	Atom
Chimique	Kimyasal
Climat	Iklim
Données	Veri
Expérience	Deney
Évolution	Evrim
Fait	Gerçek
Fossile	Fosil
Gravité	Yerçekimi
Hypothèse	Hipotez
Laboratoire	Laboratuvar
Méthode	Yöntem
Minéraux	Mineraller
Molécules	Molekül
Nature	Doğa
Observation	Gözlem
Organisme	Organizma
Particules	Parçaciklar
Physique	Fizik
Plantes	Bitkiler

Science-Fiction
Bilim Kurgu

Atomique	Atomik
Cinéma	Sinema
Explosion	Patlama
Extrême	Aşiri
Fantastique	Fantastik
Feu	Ateş
Futuriste	Fütüristik
Galaxie	Gökada
Illusion	Yanilsama
Imaginaire	Hayali
Livres	Kitaplar
Monde	Dünya
Mystérieux	Gizemli
Oracle	Kehanet
Planète	Gezegen
Réaliste	Gerçekçi
Robots	Robotlar
Scénario	Senaryo
Technologie	Teknoloji
Utopie	Ütopya

Sports
Spor

Arbitre	Hakem
Athlète	Atlet
Base-Ball	Beyzbol
Basket-Ball	Basketbol
Championnat	Şampiyon
Entraîneur	Koç
Équipe	Takim
Gagnant	Kazanan
Golf	Golf
Gymnase	Salon
Gymnastique	Jimnastik
Hockey	Hokey
Jeu	Oyun
Joueur	Oyuncu
Mouvement	Hareket
Stade	Stadyum
Tennis	Tenis
Vélo	Bisiklet

Surf
Sörf Yapmak

Amusement	Eğlence
Athlète	Atlet
Champion	Şampiyon
Débutant	Acemi
Estomac	Mide
Extrême	Aşiri
Force	Kuvvet
Météo	Hava
Mousse	Köpük
Océan	Okyanus
Plage	Plaj
Populaire	Popüler
Récif	Resif
Style	Tarz
Vague	Dalga
Vitesse	Hiz

Technologie
Teknoloji

Blog	Blog
Caméra	Kamera
Curseur	İmleç
Données	Veri
Écran	Ekran
Fichier	Dosya
Internet	İnternet
Logiciel	Yazilim
Message	Mesaj
Navigateur	Tarayici
Numérique	Dijital
Octets	Bayt
Ordinateur	Bilgisayar
Recherche	Araştirma
Sécurité	Güvenlik
Statistiques	İstatistik
Virtuel	Sanal
Virus	Virüs

Temps
Zaman

Année	Yil
Annuel	Yillik
Après	Sonra
Aujourd'Hui	Bugün
Avant	Önce
Bientôt	Yakinda
Calendrier	Takvim
Décennie	On Yil
Futur	Gelecek
Heure	Saat
Hier	Dün
Jour	Gün
Maintenant	Şimdi
Matin	Sabah
Midi	Öğle
Minute	Dakika
Mois	Ay
Nuit	Gece
Semaine	Hafta
Siècle	Yüzyil

Types de Cheveux
Saç Tipleri

Argent	Gümüş
Blanc	Beyaz
Blond	Sarişin
Brillant	Parlak
Chauve	Kel
Coloré	Renkli
Court	Kisa
Doux	Yumuşak
Épais	Kalin
Frisé	Kivircik
Gris	Gri
Long	Uzun
Marron	Kahverengi
Mince	Ince
Noir	Siyah
Ondulé	Dalgali
Sain	Sağlikli
Sec	Kuru
Tresses	Örgü
Tressé	Örgülü

Vacances #1
Tatil #1

Avion	Uçak
Billet	Bilet
Devise	Para Birimi
Départ	Kalkiş
Douane	Gümrük
Expédition	Sefer
Itinéraire	Güzergah
Lac	Göl
Musée	Müze
Parapluie	Şemsiye
Relaxation	Rahatlama
Sac à Dos	Sirt Çantasi
Touriste	Turist
Tram	Tramvay
Valise	Bavul
Voiture	Araba

Vacances #2
Tatil #2

Aéroport	Havalimani
Carte	Harita
Destination	Hedef
Étranger	Yabanci
Hôtel	Otel
Île	Ada
Loisir	Boş
Mer	Deniz
Montagnes	Dağlar
Passeport	Pasaport
Photos	Fotoğraflar
Plage	Plaj
Restaurant	Restoran
Taxi	Taksi
Tente	Çadir
Train	Tren
Transport	Taşimacilik
Visa	Vize
Voyage	Seyahat

Vertus #1
Erdemler #1

Artistique	Sanatsal
Bon	İyi
Charmant	Büyüleyici
Curieux	Merakli
Efficace	Verimli
Fiable	Güvenilir
Généreux	Cömert
Indépendant	Bağimsiz
Intelligent	Akilli
Modeste	Mütevazi
Passionné	Tutkulu
Patient	Hasta
Pratique	Pratik
Propre	Temiz
Sage	Bilge
Utile	Yararli

Véhicules
Araçlar

Ambulance	Ambulans
Avion	Uçak
Bateau	Bot
Bus	Otobüs
Camion	Kamyon
Caravane	Kervan
Ferry	Feribot
Fusée	Roket
Hélicoptère	Helikopter
Métro	Metro
Moteur	Motor
Pneus	Lastikler
Radeau	Sal
Sous-Marin	Denizalti
Taxi	Taksi
Tracteur	Traktör
Train	Tren
Van	Van
Vélo	Bisiklet
Voiture	Araba

Vêtements
Giyim

Bijoux	Taki
Bracelet	Bilezik
Ceinture	Kemer
Chapeau	Şapka
Chaussure	Ayakkabi
Chemise	Gömlek
Chemisier	Bluz
Collier	Kolye
Foulard	Eşarp
Gants	Eldivenler
Jeans	Kot
Jupe	Etek
Mode	Moda
Pantalon	Pantolon
Pull	Kazak
Pyjama	Pijama
Robe	Elbise
Sandales	Sandalet
Tablier	Önlük
Veste	Ceket

Ville
Kasaba

Aéroport	Havalimani
Banque	Banka
Bibliothèque	Kütüphane
Boulangerie	Firin
Cinéma	Sinema
Clinique	Klinik
École	Okul
Fleuriste	Çiçekçi
Galerie	Galeri
Hôtel	Otel
Librairie	Kitapçi
Marché	Pazar
Musée	Müze
Pharmacie	Eczane
Restaurant	Restoran
Salon	Salon
Stade	Stadyum
Supermarché	Süpermarket
Théâtre	Tiyatro
Université	Üniversite

Félicitations

Vous avez réussi !

Nous espérons que vous avez apprécié ce livre autant que nous avons pris plaisir à le concevoir. Nous faisons de notre mieux pour créer des livres de la meilleure qualité possible.
Cette édition est conçue pour permettre un apprentissage intelligent et de qualité en se divertissant !

Vous avez aimé ce livre ?

Une Simple Demande

Nos livres existent grâce aux avis que vous publiez. Pourriez-vous nous aider en laissant un avis maintenant ?

Voici un lien rapide qui vous mènera à votre
page d'évaluation de vos commandes :

BestBooksActivity.com/Avis50

CHALLENGE FINAL !

Défi n°1

Êtes-vous prêt pour votre jeu bonus ? Nous les utilisons tout le temps mais ils ne sont pas si faciles à trouver. Voici les **Synonymes** !

Notez 5 mots que vous avez trouvés dans les puzzles notés ci-dessous (n°21, n°36, n°76) et essayez de trouver 2 synonymes pour chaque mot.

Notez 5 Mots du **Puzzle 21**

Mots	Synonyme 1	Synonyme 2

Notez 5 Mots du **Puzzle 36**

Mots	Synonyme 1	Synonyme 2

Notez 5 Mots du **Puzzle 76**

Mots	Synonyme 1	Synonyme 2

Défi n°2

Maintenant que vous vous êtes échauffé, notez 5 mots que vous avez découverts dans les Puzzles n° 9, n° 17, n° 25 et essayez de trouver 2 antonymes pour chaque mot. Combien pouvez-vous en trouver en 20 minutes ?

Notez 5 Mots du **Puzzle 9**

Mots	Antonyme 1	Antonyme 2

Notez 5 Mots du **Puzzle 17**

Mots	Antonyme 1	Antonyme 2

Notez 5 Mots du **Puzzle 25**

Mots	Antonyme 1	Antonyme 2

Défi n°3

Formidable ! Ce défi final n'est rien pour vous.

Prêt pour le dernier défi ? Choisissez 10 mots que vous avez découverts parmi les différents puzzles et notez-les ci-dessous.

1.	6.
2.	7.
3.	8.
4.	9.
5.	10.

Maintenant, composez un texte en pensant à une personne, un animal ou un lieu que vous aimez !

Astuce: Vous pouvez utiliser la dernière page de ce livre comme brouillon !

Votre Composition :

CARNET DE NOTES :

À TRÈS BIENTÔT !

Toute l'équipe

DECOUVREZ DES JEUX GRATUITS

GO

↓

BESTACTIVITYBOOKS.COM/FREEGAMES